GUDRUN SCHMIDT / ROBERT BOECKER   **7 TAGE MIT DEM KARDINAL**

Gudrun Schmidt
mit Fotografien von
Robert Boecker

7 Tage mit dem Kardinal

Joachim Meisner
Erzbischof von Köln

J.P. Bachem Verlag

Wir danken dem
Pax-Versicherungsdienst Köln
für die Unterstützung bei der
Drucklegung dieses Titels.

Bibliografische Information
Der Deutschen Bibliothek
Die Deutsche Bibliothek verzeichnet
diese Publikation in der Deutschen National-
bibliografie; detaillierte bibliografische Daten
sind im Internet über
http://dnb.ddb.de abrufbar.

2. erweiterte Neuauflage 2008
© J.P. Bachem Verlag, Köln 2008
Redaktion und Lektorat:
Anne Pesch, Köln
Reproduktionen und Gestaltung:
Reprowerkstatt Wargalla, Köln
Druck: Grafisches Centrum Cuno, Calbe
Printed in Germany
ISBN 978-3-7616-2260-5
www.bachem.de

Bildnachweis:
alle Abbildungen von Robert Boecker
außer S. 32, 100, 101, 102: KNA-Bild
S. 33, 129 rechts, 138, 143 unten rechts: Läufer
S. 83, 89, 94, 120, 122, 124, 129,
131, 133, 138, 142, 143, 144: Privat

INHALT

VORWORT
Manfred Maus, *Mitgründer der Firma OBI* 7

EINLEITUNG
Was tut ein Kardinal am Wochentag? 9

MONTAG
Früh um sieben ist die Welt noch in Ordnung:
Mit Gott und Frühstück in den Tag 10
Vom Beten mit Heiligen und Seligen, vom besten Mohnkuchen der Welt und von Rosenkränzen für die Schüler, Priesterweihen unter Lebensgefahr bis zur Eisenbahn nach Trebnitz

DIENSTAG
Die tägliche Pflicht ruft:
Besucher – Anfragen – Beschwerden 26
Vom Espresso für die Papst-Begleitung, von der Kunst zu predigen, der Freundschaft mit Papst Johannes Paul II, vom Kardinal als Mittler zwischen Ost und West und dem Weltjugendtag in Köln, der Ökumene und vom multireligiösen Beten bis zum Bau der Kölner Moschee

MITTWOCH
Angegriffen – aber auch verehrt:
Joachim Meisner – der Medien-Kardinal 46
Von Strafanzeigen wegen einer Predigt, von Gegnern und Anhängern, Polizeischutz und freie Fahrt für den Kardinal

DONNERSTAG
Einweihungen – Jubiläen – Karneval:
Feiern mit dem Kardinal 58
Von Humor als Humus, Polnischunterricht im Auto, von Gänsen, Enten und Ziegen und vom Kölner Dom und seinen Bischöfen

FREITAG
Ein Kardinal muss »sitzen«:
Denken – planen – entscheiden 74
Von Konferenzen, Tagungen, Gesprächen und Gedanken über die Gegenwart und die Zukunft der Erzdiözese Köln

SAMSTAG
Egal, wie voll der Terminkalender ist:
»Stets zur ersten Liebe zurückkehren« 88
Von Glaubenswissen und der Freude an Gott, vom Familienleben des Kölner Erzbischofs und seiner Mitverantwortung für die Weltkirche

SONNTAG
Wenn die Dom-Glocken läuten:
»Da weiß ich, wofür ich eigentlich da bin« 104
Vom Einzug durch die Himmelspforte, von Weihrauch und Weihwasser bis zum Höhepunkt eines festlichen Sonntags: dem Pontifikalamt

SEIN ZWEITER SCHREIBTISCH STEHT IN ROM
Kein Tag wie jeder andere: 115
Ein Kurzbesuch in der Ewigen Stadt
Vom Aufbruch im Erzbischöflichen Haus, von der Mutter Gottes als Trost, Schleichwegen zum Vatikan, dem Papst und dem Kniefall, von päpstlichen Waden und Socken, von Windeln auf Englisch, einer goldenen Rose für Altötting und Gangstern im Hotelzimmer bis zum Abschied aus Rom

VORWORT

Meine erste Begegnung mit Kardinal Meisner werde ich nicht vergessen. Es war auf dem Flughafen in Rom. In der Lufthansa-Lounge, als ich auf die Maschine nach Köln wartete, entdeckte ich ihn. Ob ich ihn ansprechen sollte? Schon lange war es mein Wunsch, ihn einmal persönlich zu treffen. Dies war die Gelegenheit. Also ging ich auf ihn zu und stellte mich vor: »Wir sind Kollegen und in einer gleichen Branche tätig!« Noch bevor er mich für einen geistlichen Mitbruder halten konnte, erklärte ich ihm, wie ich das meinte: »Genau wie ich sind Sie verantwortlich für ein großes Unternehmen. Ich bin zwar mehr auf materiellem Gebiet und für Baumärkte zuständig und Sie dagegen für den spirituellen Bereich, die Kirche. Aber trotzdem müssen Sie – genau wie ich auch – als Unternehmer handeln.«

Es entwickelte sich ein faszinierendes Gespräch, in dem es um die Verantwortung für Menschen ging, die uns anvertraut sind, um die Tragweite von Entscheidungen, die das Lebensschicksal Vieler betreffen, um die Sorge, stets gerecht und klug zu handeln, und um den Mut, konsequent das als richtig Erkannte kraftvoll durchzusetzen, konstruktiv Kritik zu üben und dabei stets wahrhaftig zu bleiben.

Das hier vorliegende Buch gibt einen umfassenden Einblick in die Arbeit eines Kardinals der katholischen Kirche. Die Autorin schildert die vielfältigen Aufgaben und Anforderungen, die sich in täglichen Messfeiern und sonntäglichen Pontifikalämtern nicht erschöpfen. Alle, die sich vielleicht fragen, was solch ein Kirchenmann denn wohl sonst so in der Woche tut, bekommen hier auf unterhaltsame Weise eine aufschlussreiche Antwort. Und manch ein Manager der Wirtschaft wird feststellen, dass sein Tagesablauf letztlich gar nicht so viel anders ist als der eines Kardinals der katholischen Kirche, und dass sogar die Probleme sich oft ähneln.

Auch die Kirche befindet sich schließlich wie ein Unternehmen im Wettbewerb. Sie muss genauso wie jede andere Firma ihren Finanzetat aufstellen und Einnahmen und Ausgaben in der Balance halten und überlegen, wie sie sich in der Öffentlichkeit präsentiert, ihr »Angebot«, das Wort Gottes, zu den Menschen bringt. Als ich mich wunderte, wie gut Kardinal Meisner sich auch in Wirtschaftsfragen auskennt, erzählte er mir, dass er, bevor er Priester wurde, eine Banklehre gemacht habe und gelernter Bankkaufmann sei. Und so komme ihm sein Fachwissen auf diesem Wirtschaftsgebiet auch heute in seinem Amt sehr zugute.

Bei mir ist es umgekehrt. Ich bin im Hauptberuf Unternehmer. Das Wirtschaftliche steht im Mittelpunkt, aber ich lege auch großen Wert darauf, praktizierender Katholik zu sein, für den Tugenden wie Respekt vor der Würde des Anderen, Verlässlichkeit, Pünktlichkeit, Wahrhaftigkeit und Toleranz wichtig sind, und der in allem Tun und Handeln verantwortlich ist vor Gott und den Menschen, die für ihn arbeiten. In diesem Sinne grüße ich Herrn Kardinal Meisner von Unternehmer zu Unternehmer.

MANFRED MAUS
Mitgründer der Firma OBI

EINLEITUNG
Was tut ein Kardinal am Wochentag?

In dem schlichten roten Backsteingebäude an der Kölner Kardinal-Frings-Straße ist der Kölner Erzbischof zu Hause. Angrenzend sieht man das Priesterseminar.

Die Stadt schläft noch. Im Erzbischöflichen Haus in der Kardinal-Frings-Straße ist ein Fenster hell erleuchtet. Der Tag beginnt früh für den Mann, der seit 1989 auf dem Stuhl des Erzbischofs von Köln sitzt: Joachim Meisner. Wer ist dieser Kardinal, der einst auf Geheiß des Papstes von der Spree an den Rhein kam, von Berlin nach Köln? Wie ist er, dieser Kirchenmann, der nun schon fast zwei Jahrzehnte Chef eines der reichsten und bedeutendsten Erzbistümer weltweit ist? Und was macht er, wenn er nicht gerade sonntags oder feiertags in seiner Kathedrale, dem Kölner Dom, das Hochamt feiert – mit viel Weihrauch und festlich umrahmt von Orgel und Domchor? Um das herauszufinden, um Antwort auf diese Fragen zu suchen, werde ich eine Woche lang Joachim Kardinal Meisner begleiten, ihn bei seiner Arbeit beobachten. Ich werde ein Teil des täglichen Ablaufs im Büro sein. Ich werde ihm und seinem Mitarbeiterstab über die Schulter schauen, so unauffällig wie möglich, um nicht den Betrieb zu stören.

GUDRUN SCHMIDT

Der Kölner Erzbischof Joachim Kardinal Meisner ist ganz in Sammlung: So erleben ihn die Gläubigen am Sonntag während des Pontifikalamtes im Kölner Dom, seiner Bischofskirche.

MONTAG
Früh um sieben ist die Welt noch in Ordnung: Mit Gott und Frühstück in den Tag

Gleich beginnt die Morgenmesse in der Erzbischöflichen Kapelle: Roman Dolecki zündet die Kerzen auf dem Altar an.

Schwer zu sagen, wer an diesem Morgen der Erste war. Es herrscht andächtige Stille. Der Kardinal sitzt auf seinem Platz in der Mitte der mit wenigen kurzen Bänken ausgestatteten, winzigen Kapelle im Erzbischöflichen Haus, regungslos, in sich versunken, den Kopf in die Hand gestützt. Für ihn ist diese Zeit des Gebetes das tragende Fundament des Tages, der für ihn bereits gegen fünf Uhr beginnt – mit dem Brevier und in Meditation, den Terminkalender auf dem Schoß. »Ich bete jeden Morgen meine Arbeit«, gesteht er später beim Frühstück. »Ich bete: Herr, gib mir das richtige Wort und hilf mir, dass ich nicht dauernd selber rede, sondern höre.« Glauben bedeute für ihn, im beständigen Kontakt mit dem lebendigen Gott zu stehen. »Bei jeder Arbeit, die ich tue, trägt mich im Unterbewusstsein der Gedanke, dass ich es jetzt vor den Augen des Herrn tue, und dass er mich inspiriert. Glauben heißt, ich gebe ihm mein Herz.«

Seit kurzem gehört auch wieder der Frühsport zu seinem Programm. Um der Gesundheit willen, und weil er ja doch den lieben langen Tag fast immer nur im Sitzen zubringen muss, übt er sich, den erzbischöflichen kleinen Park mit zwei Stöcken schnellen Schrittes auf- und abwandernd, im Nordic-Walking.

Auch die anderen sind bereits da, still betend auf ihren Plätzen: Die anderen, das sind zum einen die Ordensschwestern Ingridis und Radegundis, beide aus Schlesien und seit vielen Jahren treue Hüterinnen des erzbischöflichen Haushalts. In das Schwarz-Blau ihrer Nonnentracht der »Mägde Mariens« gehüllt, knien sie in der vorderen Reihe links. Dahinter haben Ewa Dolecki, die Frau des erzbischöflichen Chauffeurs sowie Betreuerin der Hausgäste, und Gisela Thörnig Platz genommen. Seit 1993 arbeitet sie im Sekretariat des Kardinals.

Das Pult für die Lesung, der Ambo, gleicht einem Adler. Er trägt das Lektionar.

Pfarrer Oliver Boss – Erzbischöflicher Kaplan und Geheimsekretär sowie Mittler zwischen dem Kardinal und allen, die etwas von ihm wollen – hält sich dezent im Hintergrund.

Durch die halb geöffneten Fenster der Kapelle dämmert langsam der Morgen. Roman Dolecki zündet die Kerzen auf dem Altar an und bringt Wasser und Wein in kristallenen Kännchen. Eigentlich ist Dolecki der Chauffeur des Kardinals. Doch zu dieser frühen Stunde verkörpert er Küster, Lektor und Messdiener in einem. Das Buch für die tägliche Lesung, das Lektionar, legt er auf das dafür vorgesehene Pult, den Ambo. So sieht es aus, als wäre es von einem gusseisernen Adler auf ausgebreiteten Flügeln gehalten.

Für frischen Blumenschmuck hat Ewa Dolecki schon am Abend zuvor gesorgt – Rosen aus dem erzbischöflichen Garten. Der Zelebrationskelch steht bereits auf dem Altar, heute bedeckt mit einem grünen Tüchlein, dem Kelchvelum.

Roman Dolecki hat lange geübt. Denn in seiner Heimat Westpreußen, im damals noch kommunistischen Polen, war er nur für kurze Zeit einmal Messdiener. Ansonsten praktizierte er seinen katholischen Glauben als regelmäßiger Gottesdienstbesucher. Weil er nach der Übersiedlung in die Bundesrepublik als Diplom-Ingenieur keine Arbeit finden konnte, bewarb er sich auf die vom Erzbistum ausgeschriebene Stelle als Fahrer des Erzbischofs von Köln. Wie er lächelnd gesteht, hat er es nie bereut. Ganz im Gegenteil. Er liebt seine Tätigkeit.

Inzwischen ist es kurz nach sieben. Der Kardinal erhebt sich. Pfarrer Boss und Roman Dolecki folgen ihm. Alle drei verschwinden in der kleinen Sakristei, um sich für die Messe anzukleiden. Die Gewänder für den Kardinal und den Pfarrer, der mitzelebriert, sind auf dem Ankleidetisch ausgelegt. Roman Dolecki hat alles vorbereitet, und damit es schneller geht, auch selbst vorher bereits Talar und das weiße, kurze Obergewand, das Rochett, übergezogen. Jetzt geht er dem Kardinal zur Hand, der das weiße, lange Kleid, die Albe, über seinen Talar zieht und danach das Zingulum, die weiße Kordel, umbindet sowie Stola und Messgewand anlegt. Pfarrer Boss reicht ihm noch das Bischofskreuz. Auch er kleidet sich um. Zehn nach sieben sind alle bereit und betreten die Kapelle. Die kleine Gemeinde erhebt sich, und eine schlichte, kurze Messe beginnt. Jeden Tag, sofern der Kardinal im Hause ist. Wenn die Schwestern Radegundis und Ingridis stattdessen um diese Zeit im Dom bei der Messe gesichtet werden, schließen Eingeweihte sofort daraus: der Kardinal ist nicht da, und Pfarrer Boss zelebriert wahrscheinlich wieder im Altenheim.

Beten mit den Heiligen und Seligen

Gäste sind zu dieser Morgenstunde in der Kapelle im Erzbischöflichen Haus selten dabei. Aber so winzig, wie es scheint, ist die hier versammelte Gruppe dennoch nicht. Denn genauer besehen und »metaphysisch« betrachtet, feiert eine ganze Schar von berühmten Heiligen und Seligen mit – für das Auge natürlich unsichtbar, aber – wenn man so will – präsent in Knochenpartikelchen als Reliquien in silbernen Gefäßen, den Reliquiaren. Zu ihnen gehört zum Beispiel die heilige Hedwig, die wegen ihrer Liebe zu den Armen vor allem in Schlesien, der Heimat des Kardinals, verehrt wird. Während seiner Aufenthalte in Breslau knappst er möglichst etwas Zeit für einen Besuch in Trebnitz ab, wo die Heilige in dem von ihr gegründeten Kloster begraben liegt.

Auch eine Reliquie der heiligen Elisabeth von Thüringen, vom Kardinal nicht minder verehrt, zählt zu dieser kleinen Runde. Die mit ihr verbundene Legende vom Rosenwunder ist ein Klassiker unter den Heiligengeschichten: Als Elisa-

In der erzbischöflichen Privatkapelle stets liebevoll mit Blumen geschmückt: Jesus Christus, der hier in der Gestalt des Auferstandenen dargestellt ist.

Kostbarkeiten der Andacht in der Privatkapelle. Von links: Maria mit dem Jesuskind, das Reliquiar mit einer Reliquie des heiligen Jan Sarkander und Christus als Schmerzensmann.

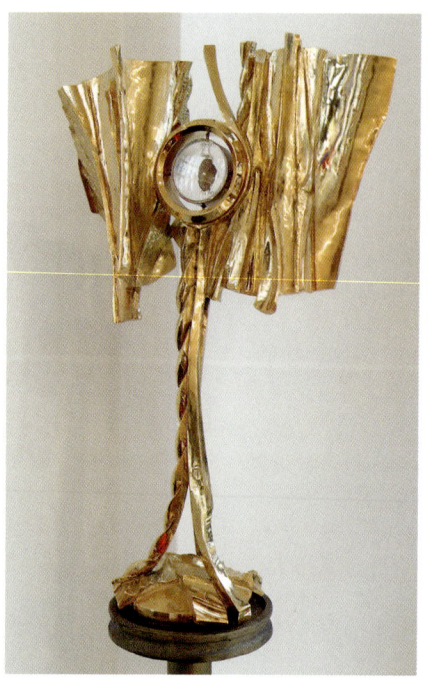

beth wieder einmal Gaben in ihrer Schürze zu den Armen bringen will, kommt ihr unterwegs auf dem Pferd ihr Ehemann entgegen. Er ärgert sich, dass seine Frau ihren gesamten Besitz an die Bedürftigen verteilt, und er fragt sie streng, was sie denn da wieder forttrage. Sie öffnet ihre Schürze, und aus den Gaben sind Rosen geworden.

In einem seiner Bücher, in denen Kardinal Meisner sich mit dieser Heiligen beschäftigt, schreibt er: »Alle Christusworte rufen nach Christustaten. Alle Christuserfahrung drängt zur Menschenerfah-rung. Alle Liturgie drängt zur Diakonie. Das hat vielleicht niemand so früh verstanden und so glanzvoll verwirklicht wie die heilige Elisabeth von Thüringen.« Im Leben des Kardinals gibt es darüber hinaus eine besondere Beziehung zu Thüringen, das nach der Vertreibung aus Schlesien für ihn, seine Mutter und die drei Brüder zur zweiten Heimat geworden war. Neben dem Altar fällt ein besonders prachtvolles Reliquiar mit goldenen Flügeln ins Auge. In ihm ist eine Reliquie des heiligen Jan Sarkander aus Mähren präsent, der in der Reformationszeit als Märtyrer hingerichtet wurde. Von ihm wird erzählt, er habe noch im Kerker gefesselt sein Brevier gebetet und die Seiten mit der Zunge umgeblättert.

Die Messe endet heute mit einem Lied, das gerne während der Domwallfahrt der Heimatvertriebenen gesungen wird:

O Speise der Engel, lebendiges Brot, / du rettest die pilgernden Seelen vom Tod. / Sie selig zu machen, berufst du die Schwachen / und stärkest die Seelen im Kampfe und Not.

Du harrest der Sünder in milder Geduld / und tilgest – als himmlisches Feuer – die Schuld. / Doch liebende Seelen, die bräutlich dich wählen, / empfängst du mit göttlicher Liebe und Huld.

O segne und mache von Mängeln uns rein / Und bilde uns würdig, dein Tempel zu sein. / O führe, du Speise der irdischen Reise, / uns einst zu dem ewigen Abendmahl ein.

Danach geht es schnell. Der Kardinal mag morgens keine Zeit verlieren. Es kommt vor, dass er schon mal einen Zettel ins Büro legt. »Darum sollten wir uns schnellstens kümmern«, heißt die Botschaft, die mit der darauf vermerkten Notiz unausgesprochen verbunden ist. Es kann sich um einen Krankenbesuch handeln, den er dringend in den täglichen Arbeitsablauf eingebaut haben möchte, oder um einen Geburtstagsgruß, der geschrieben werden muss.

Der beste Mohnkuchen der Welt

Auch die Schwestern Ingridis und Radegundis haben es eilig. Das Frühstück soll pünktlich bereit stehen. Viel brauchen sie normalerweise nicht auf den Tisch zu bringen. Der Kardinal begnügt sich mit einem Apfel und einer Tasse Kaffee, der Pfarrer mit einem Müsli. Anders ist es, wenn Gäste mit dabei sind. So wie ich heute. Dann fühlen sich die beiden Schwestern in ihrem

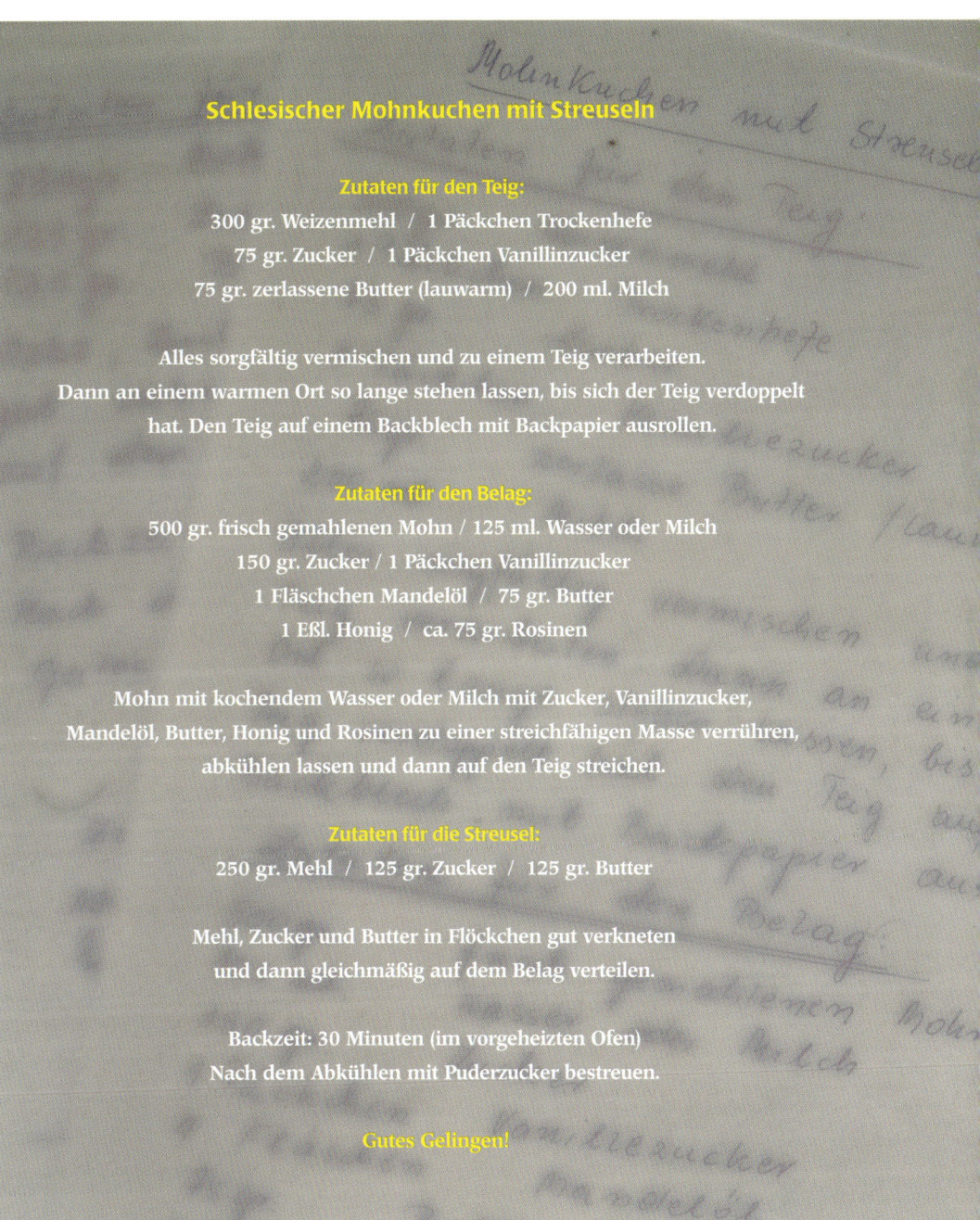

Schlesischer Mohnkuchen mit Streuseln

Zutaten für den Teig:
300 gr. Weizenmehl / 1 Päckchen Trockenhefe
75 gr. Zucker / 1 Päckchen Vanillinzucker
75 gr. zerlassene Butter (lauwarm) / 200 ml. Milch

Alles sorgfältig vermischen und zu einem Teig verarbeiten.
Dann an einem warmen Ort so lange stehen lassen, bis sich der Teig verdoppelt hat. Den Teig auf einem Backblech mit Backpapier ausrollen.

Zutaten für den Belag:
500 gr. frisch gemahlenen Mohn / 125 ml. Wasser oder Milch
150 gr. Zucker / 1 Päckchen Vanillinzucker
1 Fläschchen Mandelöl / 75 gr. Butter
1 Eßl. Honig / ca. 75 gr. Rosinen

Mohn mit kochendem Wasser oder Milch mit Zucker, Vanillinzucker, Mandelöl, Butter, Honig und Rosinen zu einer streichfähigen Masse verrühren, abkühlen lassen und dann auf den Teig streichen.

Zutaten für die Streusel:
250 gr. Mehl / 125 gr. Zucker / 125 gr. Butter

Mehl, Zucker und Butter in Flöckchen gut verkneten
und dann gleichmäßig auf dem Belag verteilen.

Backzeit: 30 Minuten (im vorgeheizten Ofen)
Nach dem Abkühlen mit Puderzucker bestreuen.

Gutes Gelingen!

schlesischen Element. Obwohl ich gebeten hatte, für mich keine Extras auf den Tisch zu bringen, gibt es Brot, Brötchen, frisch gekochte Eier, Schinken, Käse – und es fehlt auch eine Kostprobe ihres vielgerühmten echten schlesischen Mohnkuchens nicht, von dem der Kardinal behauptet, es sei der beste auf der Welt – abgesehen vom Mohnkuchen, den seine Mutter damals in Lissa bei Breslau gebacken hat.

»Ich erinnere mich noch ganz genau«, erzählt er. »Früher in Breslau trugen die Frauen ihren Mohnkuchenteig zum Abbacken auf runden Blechen zum Bäcker. Wenn meine Mutter den fertigen, frischen Kuchen nach Hause brachte, war er meist schon zur Hälfte aufgegessen.« Des Rätsels Lösung war ganz einfach: Frau Meisner hatte unterwegs etliche Bekannte getroffen, die alle überzeugt waren, dass ihr Mohnkuchen unübertrefflich gut schmecke. Natürlich wollten auch alle einmal kosten. Und so konnte die gute Frau Meisner nicht anders, als jedem Bewunderer ein Stückchen abzuschneiden ...

Es ist zu vermuten, dass es der Mohnkuchen war – und die heimatlich anmutende »schlesische Küche«, die den Berliner Kardinal veranlassten, beim Orden der Mägde Mariens so lange um zwei schlesische Ordensfrauen für seinen neuen Haushalt in Köln zu werben, bis schließlich und endlich

Die Gäste dürfen kommen: Schwester Radegundis präsentiert stolz den frischgebackenen Mohnkuchen.

zwei vor seiner Tür standen: Radegundis und Ingridis aus dem Kloster in Leschnitz in der Nähe des Annaberges, dem berühmten Wallfahrtsort der Oberschlesier. Dort war er öfter zu Gast gewesen und hatte die Kochkunst der beiden bereits kennen gelernt. Noch heute erinnern sich Radegundis und Ingridis lachend, was sie sich damals vorgenommen hatten: »Zwei Jahre bleiben wir bei ihm und machen ihm einen schönen Tag.« Das war am 8. Februar 1989.

Das Frühstück im Erzbischöflichen Haus ist normalerweise in zehn Minuten vorbei. Auch sonstige Kaffeepausen dauern selten länger. Vor ein paar Tagen nahm sich der Kardinal ausnahmsweise einmal für eine ganze Kaffee-Stunde Zeit. Denn dafür gab es einen besonderen Anlass. Seine Gäste waren weiblich, charmant und zeichneten sich durch besonderes Engagement aus. Es waren Frauen, die sich zu einer »Martha-Gruppe« zusammengeschlossen haben und regelmäßig unentgeltlich ihre Kirche säubern. Als Kardinal Meisner in ihrer Gemeinde zu Gast war und von diesem freiwilligen Einsatz der Frauen erfuhr, hatte er sie spontan eingeladen. Es sei eine fröhliche, harmonische Runde gewesen, erzählen diejenigen, die dabei waren.

Schwester Ingridis räumt den Tisch ab, der Kardinal hat heute morgen keine Zeit, um wie sonst erst einen Blick in die Zeitung zu werfen. Er geht gleich in sein Büro, seine »Folterkammer«, wie er gern sagt, wo Sekretärin Gisela Thörnig die Arbeit in Stapeln auf seinen Schreibtisch gehäuft hat. Vorne die Unterschriftenmappen, danach die Postmappen und weiter hinten mehrere Tageszeitungen und Zeit-

MIT GOTT UND FRÜHSTÜCK IN DEN TAG | MONTAG

Eigentlich wollte Schwester Ingridis ja nicht aufs Foto. Aber vom Kardinal und von Roman Dolecki ließ sie sich dann doch überreden ...

schriften. »Es sind täglich Berge von Post«, erklärt sie. »Wir sortieren sie zwar, aber der Kardinal will jeden Brief, der an ihn gerichtet ist und einen Absender hat, selber lesen. Er weiß, dass die Schreiber von ihm persönlich eine Antwort erwarten. Wenn der Kardinal verreist ist oder auf Sitzungen, dann geben wir dem Absender schon mal einen Zwischenbescheid.«

Heute liegen zehn Einladungen zu Firmengeburtstagen, zu Gesprächskreisen und Jubiläen von Kirchenchören und Vereinen vor, sechzehn Anfragen zu einem Gesprächstermin, fünf Bitten um finanzielle Unterstützung eines Projektes und sieben Beschwerden. Eine davon liegt obenauf. Sie betrifft, wie der Schreiber es formuliert, »katastrophal schlechten« Religionsunterricht an der Schule. Gehe das so weiter, dann brauche sich die Kirche nicht zu wundern, wenn ihr die Menschen davonliefen.

Gott schreibt auf krummen Linien gerade

»Wir nehmen jede Eingabe ernst und gehen ihr natürlich nach«, erklärt der Kardinal und macht sich Notizen. Und – vielleicht um sich selber heute morgen zu trösten – erzählt ein Beispiel, wie mangelhafte Glaubensunterweisung sogar einmal etwas Gutes bewirkt hat – getreu nach dem Bibelwort, dass der liebe Gott auch auf krummen Linien gerade schreiben kann. Ausgerechnet die negative Darstellung einer Religionslehrerin habe einen jungen Mann dazu bewogen, sich mit der Kirche und dem Glauben näher zu befassen. Das Ergebnis: er sei Priester geworden. »Das ist aber wohl nur ein Einzelfall!« fügt der

Am Morgen heißt es für Sekretärin Gisela Thörnig, Berge von Post zu sortieren: Einladungen, Bittbriefe, Dankesbriefe, Beschwerden.

Doris Müller ist an vier Tagen in der Woche jeweils vormittags im Büro beschäftigt. Sie hat nicht minder viel zu tun.

Gisela Thörnig ist an ein großes Aufgabenspektrum gewöhnt. Seit vielen Jahren arbeitet sie schon als Sekretärin für den Kölner Erzbischof.

Kardinal an. Zum Glück aber gebe es auch viel guten Religionsunterricht, denn sonst hätte die Kirche wohl nicht schon 2000 Jahre Geschichte geprägt.

Vom Flur her ertönt melodisches Gezwitscher. Hat der Kardinal einen Vogel? »Es ist acht Uhr«, erklärt Pfarrer Boss, »denn das war der Gartenrotschwanz. Um neun ist der Halsbandschnäpper dran, und wenn der Pirol um zwölf Uhr zwitschert, ist Mittagspause.« Offensichtlich gehen nicht nur in Bayern, sondern auch im Erzbischöflichen Haus in Köln die Uhren anders. Fast ist es, als seien hier schon paradiesische Stunden angebrochen. Des Rätsels Lösung entpuppt sich als ausgesprochen originelles Geschenk eines einfallsreichen Domkapitels, das dem Erzbischof und seinen Mitarbeitern hier eins pfeift: Es ist eine »erweiterte« Kuckucksuhr. Jede Stunde ist in diesem Falle nicht dem Kuckuck, sondern einem anderen Vogel zugeordnet, der sich mit seinem Gesang melden darf, und jedem Vogel ist per Foto ein Mitglied des zwölfköpfigen Domkapitels gewidmet.

Im Erzbischöflichen Haus gehen die Uhren anders: zu jeder Stunde verkündet ein anderer Vogel singend, wie spät es ist. Die Uhr ist ein Geschenk des Domkapitels – das hier ebenfalls zu entdecken ist.

Der Erzbischöfliche Geheimsekretär Pfarrer Oliver Boss. Er ist – neben anderem – auch für den Terminkalender des Kardinals zuständig.

Rosenkränze für die Schüler

»Und hier sind die versprochenen Geschenke für die Kinder in Neuss.« Der Kardinal schaut noch einmal um die Ecke und legt fünf Rosenkränze auf den Tisch. Bei einer Messe hatte er sie Schülern versprochen, die eine Comic-Zeitung lesen, in der Kindern das Evangelium und die Heiligen nähergebracht werden. Zum fünfjährigen Bestehen dieser Publikation hatte er über den Rosenkranz gepredigt. »Und da habe ich meinen jugendlichen Zuhörern gesagt, wenn sie den Grundgedanken meiner Predigt aufschreiben und mir zuschicken, bekommen sie von mir einen Rosenkranz geschenkt.« Und was er verspricht, das hält er nun mal.

Kardinal Meisner liebt es, zügig zu arbeiten. Manche sagen auch, er sei ein Workaholic. Um neun kommt pünktlich der Generalvikar mit einem Gast, um Innerkirchliches zu besprechen. Um zehn Uhr – der Vogel Fitis zwitschert gerade – führt Roman Dolecki den Leiter des Priesterseminars von Lantershofen zu Kaffee und Plätzchen. Der Kardinal freut sich, von ihm zu erfahren, dass dieses Seminar einen regen Zulauf verbucht. Es ist für Spätberufene, für Männer, die aus einer anderen Tätigkeit kommen und sich danach erst entschieden haben, Priester zu werden. Für das

Im Büro des Kardinals steht schon eine Kanne Kaffee auf dem Besuchertisch.

Der erste Gast ist heute bereits für halb neun angesagt. »Geben Sie mir vorher noch schnell den Prälat Gänswein«, kommt die Stimme vom Chef-Schreibtisch her. Pfarrer Boss tippt die Kurzwahl nach Rom ein. Georg Gänswein, Privatsekretär und rechte Hand des Papstes – an ihm kommt keiner vorbei auf dem Weg zum Heiligen Vater, ob telefonisch, brieflich oder persönlich.

SIEBEN TAGE MIT DEM KARDINAL

*Für fleißiges Sammeln ein kleiner Dank
aus der Hand des Kardinals – so macht den
Sternsingern ihr Einsatz erst recht Freude.*

neue Trimester hätten sich so viele geeignete Bewerber gemeldet, dass das Seminar große Schwierigkeiten gehabt habe, alle unterzubringen.

Vier Besucher sind es bis Mittag. Und nicht immer sind die Themen »gemütlich«. Da geht es auch um die Schwierigkeiten bei der Zusammenlegung von Pfarreien, um Vermietung von Kirchen, um Personalquerelen und um Meinungsverschiedenheiten zwischen Pfarrer und Kirchenvorstand oder Pfarrgemeinderat, ebenso um die Beschwerden von Gläubigen, zum Beispiel, weil sie meinen, dass ihr Priester die Liturgie nach eigenem Gutdünken abwandelt, oder weil sie es für geschmacklos halten, dass der Kinderchor der Kirchengemeinde ausgerechnet an einem Freitag in der Fastenzeit mit seinem Leiter ein Popkonzert im Gemeindesaal veranstaltet. Es kommt aber auch vor, dass sich Eltern empören, weil ein Pfarrer verlangt, Erstkommunionkinder sollten sonntags in die Messe gehen.

Doch nicht nur »Lokalkolorit« ist angesagt. Als letzten Gast heute Vormittag begrüßt der Hausherr den Bischofskollegen einer armen indischen Diözese, der zur Zeit auf Deutschlandbesuch um Unterstützung für seine Arbeit wirbt. Er will sich beim Kardinal für einen größeren Geldbetrag bedanken, den er vom Erzbistum Köln erhalten hat, damit er eine dringend benötigte Krankenstation einrichten konnte.

Oft gibt sich die ganze Welt die Klinke in die Hand in dem roten Backsteinpalais an der Kardinal-Frings-Straße. Es sind Kardinäle und Bischöfe aus armen Ländern, die um Hilfe für die Menschen bitten, die ihnen anvertraut sind. In solchen Fällen holt der Kardinal den Leiter der Abteilung Weltkirche/Weltmission zur Beratung hinzu. Bis zu seinem Tode war dies Prälat Herbert Michel, der die Probleme der Kirche in allen Erdteilen sehr gut kannte und die Notlage einschätzen konnte. Als »Außenminister« des Erzbistums war er rund um den Globus unterwegs und überzeugte sich an Ort und Stelle, wie groß die Not war, und wie die zur Verfügung gestellten Gelder verwendet wurden.

Heute ist es sein Nachfolger, Dr. Rudolf Solzbacher, der dieses schwierige und verantwortungsvolle Amt inne hat, und der den Kardinal in solchen Anliegen berät. Schließlich geht es um sehr viel Geld, das gezielt und wohlüberlegt, aber auch gerecht verteilt werden soll. »Am liebsten würden wir ja allen helfen«, sagt er, »aber für die Armut der ganzen Welt sind auch unsere Finanztöpfe zu klein.«

Priesterweihe unter Lebensgefahr

Hin und wieder kommen Gäste, zu denen der Kardinal eine geradezu schicksalhafte Verbindung hat. Er

Immer pünktlich: Schwester Radegundis bereitet in der Küche das Mittagessen zu.

kennt sie aus Zeiten, in denen der Ostblock noch kommunistisch war und Christen verfolgt und sogar getötet wurden. Junge Menschen, die Priester oder Diakon werden wollten, brauchten besonders viel

Mut und Gottvertrauen. Mehr als fünfzig von ihnen hat Kardinal Meisner heimlich – und ebenfalls unter Lebensgefahr – geweiht. Zu seiner Freude hat sich einer von ihnen für heute angesagt. »Für ihn braucht er ein bisschen mehr Zeit, denn die beiden haben viel zu bereden«, weiß man im Vorzimmer.

In der Zwischenzeit brutzeln in der Küche die Frikadellen. Schwester Radegundis weint, denn sie schneidet Zwiebeln für die Bratkartoffeln. Dazu soll es Kohlrabi geben und zum Nachtisch Joghurt mit Mandarinen. Heute ist die Vorbereitung des Essens ein Kinderspiel, denn der Kardinal und der Pfarrer sind unter sich. »Wenn plötzlich Gäste angesagt sind, erschüttert mich das auch nicht«, erzählt Radegundis. »Mir geht es wie der armen Witwe, die den Propheten Elia aufnahm. Ihre Töpfe wurden niemals leer«, lacht sie verschmitzt. Ob der Kardinal schon mal reinkommt und probieren will? »Nur, wenn zu seinem Priesterweihetag am 22. Dezember das Domkapitel zu Besuch kommt und es schlesische Weißwurst mit polnischer Soße gibt. Dann überzeugt er sich gern, ob die Soße auch so schmeckt, wie früher zu Hause bei seiner Mutter.«

Es gehört inzwischen zur Tradition, dass an diesem Tag kurz vor Weihnachten alle zwölf Mitglieder des Domkapitels und einige weitere Geistliche zum schlesischen Festessen ins Erzbischöfliche Haus eingeladen sind. »Die Würste will der Kardinal allerdings nicht gebraten, sondern gebrüht haben. Sonst darf ich ausnahmsweise etwas fetter kochen«, gesteht Schwester Radegundis, die als Dessert – wie kann es anders sein bei einem schlesischen Festessen – Mohnklöße mit vielen Rosinen und Nüssen auftischt.

Die Uhr zeigt viertel vor zwölf, und sie wendet sich wieder den Frikadellen zu. Denn pünktlich um zwölf wird gegessen. Nur sonntags kann es später werden.

Die Mittagspause ist kurz. Der Kardinal gönnt sich eine zusätzliche Viertelstunde – zum Gebet in der Kapelle und zu einem Rosenkranz-Gesätz für Wohltäter. Ein Gesätz, das sind ein Vaterunser und zehn »Gegrüßet seist du Maria«. In der Küche ist Abwaschen angesagt. Im Büro macht Gisela Thörnig die Predigt vom vergangenen Sonntag für den Versand fertig. Es gibt immer viele Anfragen. Auf dem Flur im Eingangsbereich und zum Teil auch auf den Stufen der Treppe zum Keller stehen Regale und

Pilger schreiten unter dem Dreikönigenschrein hindurch – hier aus einer Perspektive gesehen, die sich Dom-Besuchern sonst nicht bietet.

MIT GOTT UND FRÜHSTÜCK IN DEN TAG | **MONTAG**

Kästen, in die die wichtigsten Ansprachen des Kardinals und andere bedeutsame Schriften wie die Enzykliken des Papstes nach Datum sortiert sind. »Wir haben leider viel zu wenig Platz«, bedauert Gisela Thörnig. Ein junger Mann bringt zum dritten Mal Hauspost – Mitteilungen und Briefe aus dem Generalvikariat, der Dompropstei und dem Maternushaus. Das ist das Tagungszentrum des Erzbistums, das nach dem ersten bekannten Bischof von Köln, Maternus, benannt wurde, der alten Aufzeichnungen zufolge um das Jahr 300 gelebt hat.

Gisela Thörnig versucht, sich auf ihre Arbeit zu konzentrieren. Die Päpste Johannes Paul II. und Benedikt XVI. blicken lächelnd von ihren Fotos an der Wand auf die Hektik im Büro herunter. Über dem Papierschredder hängt die Büroordnung: »Wer bei uns viel arbeitet, braucht für den Spott nicht zu sorgen.« Und wenn Gisela Thörnig Zeit hätte, aus dem Fenster zu schauen, dann sähe sie den nächsten Besucher über den Innenhof dem Eingang zueilen. Er wird von Roman Dolecki, der von seinem Posten als Chauffeur in die Rolle des Empfangschefs geschlüpft ist, freundlich begrüßt. Kardinal Meisner steckt noch schnell den Kopf ins Büro: »Erinnern Sie den Gärtner, dass er die Passionsblume ins Priesterseminar bringt, damit sie nicht erfriert«, ruft er der Sekretärin zu, und zu mir gewandt: »Die Pflanze macht uns immer viel Freude. Schwester Radegundis hat in diesem Jahr 299 Blüten gezählt!«

Drei Besucher hat der Terminkalender für heute noch vorgesehen. »Der Kardinal kann jeden Menschen auf der Frequenz ansprechen, auf der er ihn antrifft«, sagt einer der Gäste hinterher anerkennend. Und als er sich auf dem Flur verabschiedet, höre ich, wie er sich entschuldigt: »Ich kannte Sie nur aus den Medien, aber Sie sind ja ganz anders, Herr Kardinal. Ich glaube, ich habe Sie bisher falsch eingeschätzt.«

Pfarrer Boss meldet, dass jemand wartet, der etwas ganz Eiliges besprechen möchte. Ob man ihn »dazwischenschieben« könne. Er hat Glück, denn eine Viertelstunde ist »Luft« bis zum nächsten Termin, und ich höre den Überraschungsgast ausrufen: »Aber wo ist denn die Eisenbahn, Herr Kardinal?« Der Mann ist sicherlich häufiger hier, schließe ich daraus. Denn da, wo lange Zeit die kleine Eisenbahn stand – im Konferenzsaal rechts in der Ecke am Fenster, da steht neuerdings nichts mehr.

Die Eisenbahn nach Trebnitz

Viele Gäste des Erzbischöflichen Hauses hatte der Kardinal zu seiner Modelleisenbahn geführt. Die Schienen, auf denen eine winzige Lok im Kreis fahren konnte, waren auf eine Holzplatte geklebt. Wer genauer hinschaute, entdeckte, dass die einzelnen Waggons, die sie zog, Autogramme von Prominenten schmückten. Und damit klar war, dass es sich hier nicht um das gewöhnliche Spielzeug eines Eisenbahnfreaks handelte, sondern um Nostalgie – stand doch darunter schwarz auf weiß geschrieben, von wo nach wo die Fahrt ging, wenn die Mini-Lok mit ihren Waggons auf Knopfdruck ihre Runden drehte: von Breslau nach Trebnitz.

Denn früher war der kleine Joachim mit seiner Mutter und seinen Brüdern oft mit der Trebnitzer Kleinbahn von Breslau nach Trebnitz gereist, um im dortigen Kloster die heilige Hedwig zu besuchen und an ihrem Grab zu beten. Diese Fahrten waren für ihn stets etwas ganz Besonderes, sodass er sich auch heute noch gern daran erinnert. Einer seiner Besucher hatte sich das gemerkt. Er erschien eines Tages im Erzbischöflichen Haus, unter dem Arm diese »Trebnitzer Kleinbahn«, die er eigens für den Kardinal gebastelt hatte. Aber nun ist die Bahn nicht mehr da. »Sie ist

Einen Augenblick entspannen – nach einem langen Tag mit ermüdenden Konferenzen.

in guten Händen«, beeilt sich Pfarrer Boss zu erklären und enthüllt die Hintergründe.

Es geschah in Rom. Der Kölner Domchor sollte dort ein Konzert geben. Als der Kardinal vor der Basilika Santa Maria Maggiore ankam, sah er, dass einer der Chorknaben weinte. Er dürfe nicht mitsingen, schluchzte er. Denn er hatte sich beim Aussteigen aus dem Bus die Hose zerrissen. »Wenn du wieder in Köln bist, kommst du mich besuchen, dann habe ich ein Trostpflaster für dich«, versuchte der Kardinal den Jungen zu beruhigen. Der kam tatsächlich eines Tages ins Erzbischöfliche Haus, und als er wieder ging, hatte er ein dickes Paket unter dem Arm: die Eisenbahn.

Der heutige Montag endet im Erzbischöflichen Haus in Etappen. Im Büro ist Feierabend. Pfarrer Boss erledigt letzte dringende Telefongespräche. Kardinal Meisner ist noch mit einem Besucher im Gespräch. Es wird spät für ihn heute Abend. »Aber für eine gründliche Gewissenserforschung zum Ende eines Tages darf es für mich nie zu spät sein«, sagt er und nennt es »die Koordinaten zurechtrücken«; indem er fragt: Ist Christus primär gewesen heute? Habe ich an meiner Sendung Verrat geübt? – Wer ihn kennt, weiß, dass er auch mit sich selbst streng ist.

DIENSTAG
Die tägliche Pflicht ruft: Besucher – Anfragen – Beschwerden

Es ist acht Uhr, und es regnet. Der Kardinal nimmt sich Zeit für die Lektüre der Zeitung, denn die ersten Besucher haben sich heute erst für neun Uhr angesagt. Pfarrer Boss telefoniert. Im Sekretariat sitzt Gisela Thörnig vor dem Computer, öffnet die E-Mails, druckt sie aus. Dann sortiert sie die Post, die der Bote gebracht hat: hier die Einladungen, dort die speziellen Anliegen, die Wünsche, die Beschwerden. Vor Festtagen kommen manchmal bis zu 150 Briefe täglich. Sonst sind es 40 bis 50. Die wollen alle schnellstmöglich bearbeitet sein. Heute ist auch Doris Müller da, die an vier Tagen in der Woche vormittags kommt. Ihre Hauptaufgabe ist es, die von Pfarrer Boss diktierten Briefe zu Papier zu bringen sowie die vom Kardinal gehaltenen und auf Tonband aufgenommenen Predigten abzuschreiben, aber auch Berge von Dankkarten zu versenden – an all jene, die Weihnachts-, Oster- und sonstige Grüße geschickt haben.

»Auf meinem Schreibtisch landet der ganze Ärger des Erzbistums«, stellt Kardinal Meisner fest, wenn sich die Klagen wieder einmal häufen. Heute scheint solch ein Tag zu sein. Da beschwert sich eine Elterninitiative über den Sexualkundeunterricht an einer katholischen Schule im Erzbistum. Der Kardinal ist empört: »Auf jeden Fall müssen wir der Sache nachgehen.« In einem nächsten Schreiben geht es um erzbischöfliche Unterstützung für ein

Er weiß, dass von ihm eine ganz besondere Predigt erwartet wird und will seine Zuhörer nicht enttäuschen: Der Kardinal feiert gerne die Messe in den Gemeinden seines Erzbistums.

Dritte-Welt-Projekt. Es wäre eine besondere Ehre, wenn der Herr Kardinal persönlich zur Eröffnung kommen könnte. Und wiederum ein anderer Schreiber beschwert sich: Der Pfarrer seiner Gemeinde habe eine Freundin, der Kardinal müsse

etwas unternehmen, um die unhaltbaren Zustände zu beenden.

Das Telefon klingelt. Ein Bischofskollege ist am Apparat. Eine Weile hört der Kardinal ihm zu. »Da bin ich ganz deiner Meinung«, erklärt er schließlich. »Wir können unsere Mittel nicht in Unternehmen stecken, die zweifelhafte Geschäfte machen.« Und entrüstet fügt er hinzu: »Die Kirche ist für mich der fortlebende Christus. Nicht einmal die Hohenpriester haben das Geld angenommen, das Judas ihnen zurückbrachte.« Dann liest er weiter in den Briefen, die ihm Gisela Thörnig in die dunkle Mappe sortiert hat.

Es ist neun Uhr. Die Dienstbesprechung mit den Verantwortlichen der verschiedenen Abteilungen beginnt – es geht um Seelsorge bis hin zu den Personalfragen.

»Der packt mir den Terminkalender immer bis obenhin voll«, scherzt der Kardinal gelegentlich und droht lachend in Richtung Privatsekretär. Pfarrer Boss zieht

Pfarrer Oliver Boss bei einem wichtigen Ritual: Er bereitet mit seiner Espresso-Maschine den Kaffee für die Frühstückspause zu.

schuldbewusst den Kopf ein und hält die Hände abwehrend in die Höhe. Denn er weiß, dass dies sich nicht ändern lässt, und dass es der Erzbischof wahrscheinlich auch gar nicht anders haben will. Oliver Boss hat die komplizierte und undankbare Aufgabe, die Termine zusammenzustellen und empfindet es anlässlich der Vielzahl als arge Einschränkung, dass der Tag nur 24 Stunden hat.

Espresso für die Papst-Begleitung

Gisela Thörnig steckt die Nase in sein Büro. »Ich glaube, wir haben eine kleine Pause verdient. Es ist schon nach zehn!« Der Pfarrer ist für die morgendliche Kaffeezeit zuständig. Denn er ist Besitzer der besten Espresso- und Cappuccinomaschine diesseits der Alpen – sagt er jedenfalls stolz. Und dementsprechend wird sein Kaffee gerühmt. Das silbern glänzende Prachtstück prangt gleich neben der Tür seines Büros. Es war zum Weltjugendtag als Leihgabe angeschafft worden, »weil wir dachten, die Begleitung des Papstes schätze einen frisch gebrühten Espresso«. Als das gute Stück nach dem Weltjugendtag pünktlich zurückgegeben werden sollte, fiel dem Pfarrer der Abschied von der Maschine so schwer, dass er sein Erspartes zusammenkratzte. »Ich habe sie einfach gekauft«, sagt er und füllt Kaffeebohnen und Wasser ein. Und während das Paradeexemplar einer Kaffeemaschine dampft und zischt, verrät er, dass auch die Kaffeebohnen keineswegs übliche sind. Denn wenn er mit dem Kardinal in Rom weilt, nutzt er die Gelegenheit, zu einem Spezialgeschäft am Pantheon zu eilen, um sich für die nächsten Wochen mit besonders gutem italienischen Kaffee zu versorgen.

BESUCHER – ANFRAGEN – BESCHWERDEN | DIENSTAG

Einen Espresso oder Cappuccino lang darf die Arbeit am Vormittag mal warten – auch der Kardinal gönnt sich die Zeit.

»Habt ihr auch einen Cappuccino für mich?«, kommt eine Stimme von der Tür her. Heute nimmt sich auch der Kardinal einen Augenblick Zeit für eine kurze Kaffeepause.

Dann ist er wieder in seinem Arbeitszimmer verschwunden. Pfarrer Boss wühlt in Papierbergen und schlägt in Büchern nach. Er sucht nach Zitaten, die der Kardinal für seinen Text braucht. Fündig wird er schließlich bei Google. Das allerdings ist schon alles, was der Kardinal als fremde Hilfe für seine Predigt in Anspruch nimmt. Einen Ghostwriter will er nicht. Er denkt lieber selbst. Und das tut er gern abends, wenn er sich in seine Wohnung zurückzieht und nicht mehr gestört werden kann.

Es muss ins Herz rutschen

»Mein Konzept ist ganz einfach«, verrät er. »Zuerst analysiere ich den biblischen Text. Was will er aussagen? Hin und wieder nehme ich auch den griechischen Text zu Hilfe, weil seine Aussage oft klarer ist. Und wenn ich das Konzept im Kopf fertig habe, kommt das Schwierigste: es muss ins Herz rutschen. Dazu heißt es, auf die Knie gehen. Manchmal allerdings schlafe ich erst einmal eine Nacht darüber. Am nächsten Morgen geht alles wie von selbst. Schließlich habe ich ja auch 45 Jahre Praxis im Predigen.«

Kardinal Meisner spricht den Predigttext ins Diktiergerät. Gisela Thörnig schreibt ihn in den Computer und Pfarrer Boss hat die Aufgabe, ihn noch einmal durchzulesen. Wenn dies zu aller Zufriedenheit getan ist, kommt die Feinarbeit an die Reihe. Dazu gehört, dass das Manuskript, wenn es ausgedruckt ist, gut lesbar sein muss: auf DIN-A5-Blättern, die Buchstaben 22 Punkt groß und fett, die Betonung unterstrichen. Was nicht unbedingt bedeutet, dass der Kardinal seine Predigt dann tatsächlich auch abliest.

»Ich habe in Magdeburg nicht in der Homiletik, der Predigtlehre, predigen gelernt, sondern im Deutsch- und Geschichtsunterricht. Unsere Studienrätin hat uns erklärt, wie man Texte bearbeitet, eine Einleitung und eine Gliederung verfasst. Vor allem hat sie nicht kritisiert, sondern sie hatte immer nur Vorschläge parat, wie man es besser machen könnte«, erinnert sich Kardinal Meisner und bedauert nur: »Früher hatte ich mehr Zeit für die Vorbereitung. Da habe ich schon montags an die Predigt des folgenden Sonntags denken können. In der Woche konnte ich dann alles sammeln und ordnen, sodass es zum Schluss zusammenpasste. Heute muss ich fast jeden zweiten Tag reden, sodass mir nichts anderes übrig bleibt, als mich von einem Tag zum anderen zu retten.« Und

Über einen Mangel an aufmerksamen Zuhörern und Zuhörerinnen braucht sich der Kölner Erzbischof bestimmt nicht zu beklagen. Viele kommen von weit her, um ihn zu hören.

er weiß genau: Alle erwarten von ihm, dem Kardinal, eine Ansprache, die sich vom Üblichen abhebt. Ob er will oder nicht: Er steht unausgesprochen immer unter dem Druck, etwas ganz Besonderes bringen zu müssen.

»In der DDR war das Predigen ungleich schwieriger, als es hier ist, denn oft saßen Spitzel im Gottesdienst«, erzählt er. »Wenn ich meinen Predigttext entworfen hatte, gab ich ihn immer einigen guten Freunden in der Gemeinde zum Lesen. Und wenn ich mal wieder dem Regime gegenüber sehr deutlich geworden war, musste ich mir oft anhören: ‚Sagen Sie das bitte nicht, formulieren Sie das etwas milder, denn sonst haben wir das auszubaden.'« Und so habe er oft aus Rücksicht auf seine Gemeinde manches, das er gern angeprangert hätte, nicht gesagt. »Wer diese Hintergründe nicht kennt, könnte meinen, ich sei gegenüber den Kommunisten viel zu zaghaft gewesen. Aber andernfalls hätte ich sicherlich Menschen in große Gefahr gebracht.«

BESUCHER – ANFRAGEN – BESCHWERDEN | DIENSTAG

Der oberste Katholik der Erzdiözese Köln: Ein gern gesehener Gast auf dem Evangelischen Kirchentag.

Sagen, was gesagt werden muss

Trotz hoher Anforderungen an seine Predigtkunst gibt der Kardinal zu: »Ich predige gern, aber möglichst nicht zu lange, denn das will ich den Leuten nicht zumuten. Die meisten haben gar nicht so viel Ausdauer zum Zuhören.« Und er gesteht: »Ich übrigens auch nicht.« Eines aber hat sich Kardinal Meisner zur Maxime gemacht: Niemals den Mantel nach dem Winde hängen, sondern in einer Predigt stets sagen, was gesagt werden muss. Dass er das tut, wird wohl jeder, der ihn gehört hat, gern bestätigen.

Der Nachmittag sieht – außer etlichen Besuchern – noch eine ökumenische Feier vor, an der der Kardinal teilnimmt. »Ich brauche aber nur eine längere Begrüßung zu sprechen«, sagt er zufrieden. »Das ist kein Problem.« Gegen 18 Uhr ist er wieder zurück. Doch Feierabend ist noch lange nicht.

Die Schwestern Ingridis und Radegundis haben den Abendbrottisch schon etwas früher gedeckt. Denn sie wissen: Der Kardinal muss gleich wieder das Haus verlassen. Fahrer Dolecki darf ausnahmsweise schon jetzt Schluss machen für heute, denn der Chef macht sich – gemeinsam mit Pfarrer Boss – zu Fuß auf den Weg. Sein Termin führt ihn in die Nachbarschaft, wo er bereits erwartet wird. Er ist mit Journalisten vom Deutschlandfunk, vom Westdeutschen Rundfunk und einigen namhaften großen Zeitungen verabredet, die ihn in kleiner Runde um ein ganz privates Treffen gebeten hatten. Sie wollen ihm Fragen stellen, für die bei Pressegesprächen oft keine Zeit ist. Mit anderen Worten: Es soll bei einem Gläschen Bier oder Wein entspannter zugehen als bei den üblichen, offiziellen Konferenzen – in der Hoffnung, der Kardinal erklärt Dinge, die in der Öffentlichkeit oft nicht oder gar falsch verstanden werden. Und vielleicht plaudert er ja ausnahmsweise auch einmal aus dem Nähkästchen, was er sonst nicht unbedingt tut.

Zwölf Journalisten drängeln sich in der kleinen Wohnung an der Burgmauer. Einige kennen den Kardinal bereits seit vielen Jahren von Pressekonferenzen oder Reisen, andere haben ihn noch nie aus der Nähe erlebt und sind gespannt. Wird er ihre Fragen beantworten? Sie wollen schließlich vieles von ihm wissen. Und vor allem wollen sie überprüfen: Ist er wirklich so streng, so stur und unnahbar, wie er in den Medien oft dargestellt wird?

Sie waren gute Freunde: der polnische Papst Johannes Paul II. und der Kölner Kardinal, der aus Schlesien stammt.

Wie eine Freundschaft begann

Journalisten sind nicht dafür bekannt, zurückhaltend zu sein. Und so dauert es nicht lange, bis nach anfänglichem vorsichtigen Beschnuppern ein lebhaftes Gespräch zustande kommt. Vor allem wollen die Frager gern wissen, seit wann und warum den Kölner Kardinal eine solch enge Freundschaft mit dem verstorbenen Papst Johannes Paul II. verband. Alle hatten den Eindruck, dass dies bei den Feierlichkeiten zum Tode des polnischen Papstes besonders deutlich geworden war. Für den Kardinal ist dies ein Thema, auf das er gern zu sprechen kommt, und er schildert anschaulich und humorvoll, wie es damals, im Jahre 1975, zu einem ersten Kontakt zwischen dem Erzbischof von Krakau, Kardinal Wojtyla, und ihm kam.

»Es war bei der Herbstwallfahrt der thüringischen Katholiken«, erzählt er und macht eine kleine Pause, gerade so, als hole er die Bilder von damals vor sein geistiges Auge. »Der Erfurter Bischof Aufderbeck hatte den Erzbischof von Krakau dazu eingeladen. Als neuer

Weihbischof von Erfurt durfte ich die Predigt halten und der Krakauer Erzbischof sprach vor dem Schlusssegen noch ein ausführliches Grußwort.« Von diesem Tage an hätten beide das Gefühl gehabt, sich gesucht und gefunden zu haben. Noch nach Jahren hätte Karol Wojtyla, aus dem inzwischen Papst Johannes Paul II. geworden war, ihn auf diese Predigt angesprochen und sogar noch die Gliederung gewusst.

Was die abendlichen Zuhörer des Kardinals noch nicht wissen: Kardinal Meisner ist gerade dabei, über seine Freundschaft mit Papst Johannes Paul II. ein Buch zu schreiben. Es ist inzwischen mit dem Titel »Er war mein Freund« (Droemer Knaur) erschienen. Darin bekennt er: Ich selbst hatte im Papst einen Bischof gefunden, mit dem ich nicht nur die gleiche theologische Wellenlänge hatte, sondern ich fand meine spirituellen Wegschritte bei ihm voll entfaltet und ausgereift. Er war für mich wie ein Weg mit Spuren, in die ich meine Füße setzen konnte, um an das Ziel zu gelangen.

Auch mit Mutter Teresa, dem Engel der Armen aus dem indischen Kalkutta, war der Kölner Kardinal herzlich verbunden.

Ein Bischof zwischen Ost und West

Warum Papst Johannes Paul ausgerechnet ihn, Kardinal Meisner, als Erzbischof nach Köln holen wollte, was dahinter steckte, heißt die nächste Frage der Journalistenrunde. Und auch hier nutzt der Kardinal die Gelegenheit, etwas ausführlicher als sonst zu antworten. Nachdem er 1980 das Bischofsamt in Berlin übertragen bekommen hatte, sei er für Ost- und West-Berlin verantwortlich gewesen, also in zwei unterschiedlichen politischen Systemen. Bei seinen Besuchen in Rom habe der Heilige Vater ihn stets humorvoll geneckt: »Dein rechter Arm ist kapitalistisch, dein linker Arm ist kommunistisch, aber dein Herz ist Gott sei Dank katholisch!« Und er habe ihn stets zum Durchhalten ermuntert. Dies wiederum habe ihn ermutigt, die Katholiken in der DDR zum Bleiben aufzufordern. Auf dem Dresdner Katholikentreffen 1987 habe er den Gläubigen zugerufen: »Wir bleiben als Christen hier vor Ort, aber wir wollen dabei keinem anderen Stern folgen als dem Stern von Bethlehem.«

In dem bereits erwähnten Buch des Kardinals heißt es noch vertiefend: »Umso mehr bestürzte mich die Nachricht, die mich sechs Wochen später erreichte, dass der Heilige Vater beabsichtigte, mir den inzwischen verwaisten Bischofsstuhl von Köln anzuvertrauen. Ich machte mich sofort auf den Weg nach Rom und erbat mir vom Heiligen Vater einen dringenden Gesprächstermin. Ich schilderte dem Papst die Vorgänge beim Dresdner Katholikentreffen und sagte: ›Wenn ich nun wegginge, würde ich meine dortige Botschaft Lügen strafen, und die Kirche würde an Glaubwürdigkeit verlieren.‹«

Und die Reaktion des Papstes? »Er hörte sich alles in Ruhe an und sagte, ich solle mir diesbezüglich keine Gedanken machen, und er prophezeite: ›Du wirst der erste Ostdeutsche sein, der nach Westdeutschland geht. Danach werden dir viele folgen. Und viele Westdeutsche werden nach Ostdeutschland gehen, denn das System kippt.‹ Ich habe daraufhin dem Heiligen Vater gesagt, dass ich das einfach nicht glauben könne. Schließlich habe er dies nicht »ex cathedra« gesagt. Der Papst entgegnete mir

Karneval 1989: Die Kölner stellten sich auf ihre Weise auf den »Neuen« ein.

darauf, dass seine Aussage nicht »ex cathedra«, d.h. unfehlbar, sei, aber dass er doch recht habe. Auf meinen Einwand, ob er Hinweise von Geheimdiensten hätte, zeigte er zum Himmel und sagte: ›Dort oben ist mein Geheimdienst.‹«

Es begann in Paris

Ein weiteres Thema an diesem Abend ist der Weltjugendtag in Köln, der in der ganzen Welt Interesse und Aufmerksamkeit gefunden hatte und als großer Erfolg gefeiert wurde. (Für Kardinal Meisner war er einer der Höhepunkte seiner Zeit in Köln, wie er auch im Interview in diesem Buch erwähnt, siehe Seite 79). Wie kam es dazu, dass der Papst ausgerechnet Köln als nächsten Austragungsort des Weltjugendtages nannte? Auch auf diese Frage ist er derjenige, der am besten antworten kann, denn er war der erste, der von Papst Johannes Paul II. gefragt wurde.

»Ich weiß es noch wie heute«, berichtet Kardinal Meisner. »Es war in Paris gegen Ende des Weltjugendtages 1997, als der Heilige Vater mich ganz unvermittelt fragte: ›Können wir den nächsten Weltjugendtag 1999 in Köln feiern?‹ Ich war überrascht, aber sagte ihm zu. Und als ich ihn fragte, warum er mit dem Weltjugendtag nach Deutschland kommen wolle, sagte er: ›Von dem sympathischen deutschen Volk gingen in diesem Jahrhundert zwei große Weltkatastrophen aus. Ich möchte, dass am Ende dieses Jahrhunderts von Deutschland eine Positivbewegung nach Europa und in die Welt hinausgeht. Darum möchte ich den Weltjugendtag 1999, den letzten im 20. Jahrhundert, in Köln feiern.‹«

Nun hatte es dann doch noch bis 2005 gedauert, bis der Weltjugendtag tatsächlich in Köln stattfand. »Lange Jahre bangte ich um die Gesundheit des Papstes, nicht zuletzt auch, weil er ja eigentlich der Garant des Erfolges einer solchen Mammutveranstaltung war. Als er mich vier Wochen vor seinem Tod an sein Krankenbett in der römischen Gemelli-Klinik bat, war ich ziemlich bedrückt«, gesteht der Kardinal seinen Zuhörern. »Der Papst fragte mich, ob wir in Köln noch zum Weltjugendtag auf ihn warten. Daraufhin habe ich ihm gesagt: ›Mit ungebrochener Zuversicht!‹ Er brauche auch gar nichts zu sagen, allein seine Präsenz spreche lauter als seine Worte.« Und der sterbenskranke Papst habe geantwortet: »Ich komme. Aber das Wie meines Kommens bestimmt Gott im Himmel.«

Ein Weltjugendtag und zwei Päpste

Den Weltjugendtag in Köln hat Papst Johannes Paul II. nicht mehr

Als erster mit dabei: Der Kardinal hilft, das Weltjugendtagskreuz zu tragen.

erlebt. Aber Josef Kardinal Ratzinger war soeben zum neuen Papst gewählt worden, »da bin ich beim Treueversprechen vor ihm niedergekniet und wollte ihn nach Köln

SIEBEN TAGE MIT DEM KARDINAL

Papst Johannes Paul II. hatte den Jugendlichen der Welt außer dem Weltjugendtagskreuz auch diese Marienikone übergeben.

einladen. Doch ich war so bewegt, dass ich kein Wort herausgebracht habe. Er ahnte, was mir am Herzen lag, und sagte nur: ›Du kannst dich auf mich verlassen. Ich nehme die Tradition meines Vorgängers auf und strecke die Arme nach der Jugend der Welt aus‹«, erinnert sich Kardinal Meisner.

Und so sei dieser Weltjugendtag ein Ereignis mit zwei Päpsten gewesen. Einer, der für alle Welt sichtbar war und von den Jugendlichen gefeiert wurde, und einer, der zwar nicht körperlich anwesend, aber dennoch spürbar präsent gewesen sei und auf seine Weise dazu beigetragen habe, dass der Weltjugendtag in Köln solch ein großer Erfolg wurde. Schon das gläubige Leiden und Sterben Johannes Paul II., an dem so viele Menschen rund um den Erdball zutiefst Anteil nahmen, sei die intensivste Vorbereitung der Jugend der Welt auf die Kölner Veranstaltung gewesen.

Er sei doch auch mit dem neuen Papst gut befreundet. Ob er ihn denn duze, wollen die Journalisten wissen. »Bei meiner ersten Audienz habe ich nicht so recht gewusst, wie ich ihn anreden sollte. Doch als er merkte, dass ich unsicher war, meinte er nur freundlich: ›Mensch, sei normal und sag »Du« zu mir!‹«

Viele Themen kommen noch zur Sprache, Fragen, auf die sich die Journalisten heute Abend eine erschöpfende und auch für den Laien verständliche Antwort erhoffen. Denn wann bietet sich die Gelegenheit, einen Kardinal in kleiner, gemütlicher Runde auszufragen. »Warum«, so will einer aus dem Kreis wissen, »warum tut sich die katholische Kirche so schwer mit einem gemeinsamen Abendmahl von Katholiken und Protestanten?« Sein Sohn sei evangelisch, und so könne er mit seiner katholischen Frau nicht gemeinsam zur Kommunion gehen. Kardinal Meisner kennt diese Probleme nur zu gut, immer wieder wird er danach gefragt. Er überlegt einen Augenblick, weil er wohl versucht, die Antwort so klar und verständlich wie möglich zu formulieren, und sagt: »Die Wahrheit kann sich schließlich nicht nach Menschen richten, sondern umgekehrt«. Es sei keine Marotte des Papstes, dass er und mit ihm die katholische Kirche ein gemeinsames Abendmahl mit den aus der Reformation hervorgegangenen Gemeinschaften zur Zeit ablehne. Letztlich gehe es um das Verständnis von Amt und Sakramenten, denn das Zentrum des Glaubens sei betroffen. »Es gibt bei uns keine Kommunion mit Christus ohne Kommunion mit der Kirche«, erklärt er weiter. »Sie empfangen den Leib Christi, und nach katholischer Lehre ist der Leib Christi die Kirche, die im Papst ihren obersten Hirten hat. Das würde also bedeuten: Wenn Sie als evangelischer Christ den Leib Christi in der Kommunion empfangen würden, wäre dies gleichbedeutend damit, katholisch zu werden. In dieser Weise wollen wir die evangelischen Schwestern und Brüder aber nicht vereinnahmen.«

Auftrag an die zwölf Apostel

Um die Zusammenhänge verständlich zu machen, geht er auf die Tradition der christlichen Kirche ein. Jesus Christus selber habe den Vollzug des Abendmahles, der heiligen Eucharistie, den zwölf Aposteln als Auftrag hinterlassen. Und die Apostel hätten diesem Auftrag des Herrn strikt Gehorsam geleistet und seitdem die Eucharistie gefeiert. Durch Handauflegung, das heiße durch die Priester- und Bischofsweihe, hätten sie die Vollmacht durch die Jahrhunderte weitergegeben – bis zum heutigen Tage. »Jesus Christus selbst hat sich in der Eucharistie uns überlassen, indem er den Aposteln sagte: Tut dies zu meinem Gedächtnis. Und dies geschieht, indem die Priester die Worte sagen: Das ist mein Leib, und das ist mein Blut, und indem sie Bevollmäch-

Der erste Palmsonntag des Erzbischofs in seiner neuen Bischofsstadt. Rechts der damalige Dompfarrer und heutige Bischof von Würzburg, Dr. Friedhelm Hofmann.

tigte durch die Weihe dazu qualifizieren für alle Zeit, bis zur Vollendung der Welt.«

Kardinal Meisner lehnt sich in seinem Sessel zurück. Er weiß, dass er seinen Zuhörern, die sich in ihrer täglichen Arbeit hauptsächlich mit Politik beschäftigen, eine Menge zugemutet hat mit seinen Worten. Und er fügt zur Klärung noch hinzu: »Beim normalen Essen und Trinken assimiliert der Mensch die Speise in seine eigene Körpersubstanz hinein. Beim eucharistischen Gastmahl ist es umgekehrt. Hier wird der Essende hineinassimiliert in die Substanz dessen, was er isst, nämlich den Leib Christi. Dabei ist Christus nicht nur die gottmenschliche Person, die sakramental gegenwärtig werde, sondern er lebt geheimnisvoll weiter in seiner Kirche. Und so sind die Worte des Apostels Paulus zu verstehen, wenn er sagt, dass wir Glieder am Leibe Christi sind, und dass dieser Leib die Kirche ist.« Die Kirche sei daher nicht irgendein Wunschbild, das sich jeder einzelne selbst machen könne, sondern sie sei ganz real, indem bei jeder Eucharistiefeier der Name des obersten Hirten der Weltkirche, der Name des Papstes, genannt werde und dann der Name des jeweiligen Oberhirten der Ortskirche, der Name des Bischofs. Indem der zelebrierende Priester dies tue, erweise er sich vor der Gemeinde als ein authentischer Zelebrant, der durch seinen eucharistischen Dienst das zerstreute Volk Gottes hineinsammle in den Leib Christi.

Beim Fronleichnamsfest werde der katholische Glaube auf besondere Weise sichtbar. Da werde Jesus Christus in der eucharistisch verwandelten Hostie in einer Monstranz durch die Straßen getragen. Es zeige sich das typisch Sinnliche der katholischen Liturgie. Oft werde auch ein Blumenteppich vor der Prozession ausgebreitet. Dies symbolisiere Jesu Einzug nach Jerusalem, als die Menschen ihre Kleider auf die Straße und so Jesus vor die Füße legten, damit er mit dem Esel, der ihn trug, darüberreiten konnte. Im Grunde sei die Fronleichnamsprozession ein Nachfolgeereignis der Palmsonntagsprozession. In der DDR hätten die Menschen die Fronleichnamsprozession auch als Demonstration gegen die kommunistischen Maiaufzüge gesehen.

Eine ökumenische Chance

Besonders gravierend seien die Unterschiede zwischen der katholischen und der evangelischen Kirche bei der Feier der drei österlichen Tage von Gründonnerstag bis Ostersonntag. Daher habe er in einem Pastoralbrief auf die Grenzen des gemeinsamen Tuns hingewiesen. Ein gemeinsamer Gottesdienst an diesen Tagen würde ein Maß an theologischer Einheit mit den evangelischen Gemeinschaften voraussetzen, das noch nicht erreicht sei. Sinnvoll dagegen seien aber zum Beispiel gemeinsame Trauermetten in der heiligen Woche oder auch das gemeinsame Gebet des Kreuzweges. Hier liege eine ökumenische Chance, die zu nutzen sei, ohne einer Einheit vorzugreifen, die noch nicht erlangt sei.

Zum Evangelischen Kirchentag in Köln habe er selbstverständlich alle evangelischen Besucher zum ökumenischen Gottesdienst in den Dom eingeladen. »Wie ich hörte, waren wohl die Verantwortlichen für den Kirchentag ein wenig erstaunt darüber, dass ich das sofort zugesagt hatte, und dass wir auch die anderen Kirchen zur Verfügung gestellt haben.« Der Dom sei auch sonst als Raum des Gebetes für die Kirchentagsteilnehmer offen gewesen. Er habe die katholischen Gläubigen aufgerufen, Quartiere zur Verfügung zu stellen und Türen und Herzen für die evangelischen Kirchentagsbesucher zu öffnen. Denn »eure Freude ist unsere Freude, eure Sorgen sind unsere Sorgen«. Auch eine gemeinsame Bibelarbeit mit dem Präses der evangelischen Kirche habe es gegeben.

Wie er denn den Fortschritt in der Ökumene einschätze, lautet die nächste Frage aus der Runde. »Ich glaube«, fährt er fort, »wir sollten eine stärkere geistliche Ökumene haben« und liefert auch gleich seine Sichtweise dazu. »Je näher wir bei Christus sind, desto näher sind wir beieinander.« Wichtig sei dabei jedoch die Achtung vor der Überzeugung des anderen. Mit den orthodoxen Christen sei das etwas anders, denn mit ihnen sei die römische Kirche auf einer Linie, was die sakramentale Lehre und Eucharistie betreffe.

Pfarrer Boss schaut auf seine Uhr. Das bedeutet, dass die Zeit, die der Kardinal für dieses Gespräch eingeplant hatte, leider um ist. Doch es gibt noch so viele Fragen, sodass der Kardinal das Zeichen seines Privatsekretärs ausnahmsweise ignoriert. Es scheint ihm wichtig, seinen offensichtlich interessierten Zuhörern geduldig Dinge zu erklären, die im allgemeinen Alltags-

Ökumene beim Evangelischen Kirchentag 2007 in Köln: Kardinal Meisner gemeinsam mit dem Präses der evangelischen Kirche im Rheinland, Nikolaus Schneider.

trubel meist untergehen. Es handelt sich schließlich um wichtiges Hintergrundwissen für Journalisten, die sich nicht mit oberflächlicher Information abfinden möchten.

Nicht multireligiös beten

Warum, so wollen seine Zuhörer vom Kardinal noch wissen, habe er in einem Schreiben an Schulen und Kindergärten im Erzbistum Köln multireligiöse Feiern verboten. Hatte doch Papst Johannes Paul II. vor Jahren selber Vertreter anderer Religionen zu einem Friedensgebet nach Assisi eingeladen. Kardinal Meisner nickt.

Er könne gut verstehen, dass dies Fragen aufwerfe. Doch hier müsse man klar unterscheiden. Er habe den Papst zum Beispiel damals gefragt, ob dies nicht Synkretismus, also die Vermischung von Religionen, sei und einen falschen Eindruck nach außen mache. Der Papst habe ihn aber darauf aufmerksam gemacht, dass es sich bei dieser Begegnung in Assisi nicht um »ein Friedensgebet«, sondern um »Friedensgebete« gehandelt habe. Jede Weltreligion habe für sich an einem anderen Ort in Assisi gebetet. Erst zum Schluss sei man zusammengekommen, um einen Friedensappell an die Welt zu richten. Im Erzbistum Köln lege man übrigens einen großen Wert auf den Dialog mit den Muslimen. Was viele gar nicht wüssten: Es existiere ein eigenes Referat für den interreligiösen Dialog, das gute Arbeit leiste.

Als das Thema Familie angesprochen wird, sind wir bei einem nächsten Herzensanliegen des Kardinals. Es sei seiner Initiative zu verdanken, dass im Erzbistum Köln das Jahr 2007 zum Jahr der Ehe und Familie ausgerufen wurde. Die Politik sei überfordert, wenn es darum gehe, eine lebens- und familienfreundliche Mentalität entstehen zu lassen. Denn Mentalitäten ließen sich nicht einführen wie Steuern, und leider sei in Deutschland eine Mentalität verbreitet, in der Kinder als Last empfunden würden. Das Kind werde zum letzten Luxus, den man sich gerade noch leiste, wenn alles andere schon erreicht sei.

Das Betreuungsangebot für Kinder unter drei Jahren auszubauen, werde das Problem jedenfalls nicht lösen. Im Gebiet der ehemaligen DDR gebe es so viele Betreuungsplätze wie sonst nirgendwo in Deutschland. Doch nirgendwo sei die Geburtenrate so niedrig wie dort. In einer Studie der Robert-Bosch-Stiftung bekenne eine deutliche Mehrheit von Müttern, dass es genauso befriedigend wie bezahlte Arbeit sei, sich um Haushalt und Kinder zu kümmern, wäre da nicht die miserable Wertschätzung, die der Mutterberuf erfahre. Es stimme nun mal nicht, dass sich alle drängenden Probleme mit Geld lösen ließen. Die katholische Kirche könne hier Wichtiges einbringen. »Im Glauben wissen wir, dass die Ehe ein Sakrament ist«, führt er aus. »Zu ihren Voraussetzungen gehört die Offenheit für Nachkommenschaft, weil Kinder ein sichtbares Zeichen der Liebe Gottes sind.

Wie heißt es, und wie alt ist es? Für die Kleinsten nimmt sich der Erzbischof immer Zeit.

Außerdem wissen wir, dass die Ökonomie des Evangeliums anders funktioniert, als wir es in der Welt normalerweise erleben: Wer sich hingibt, der gewinnt, und wer sich schenkt, der ist der Beschenkte.« Er wünsche sich sehr, dass Deutschland wieder ein kinderfreundlicheres Land werde.

Gegen Begrenzung der menschlichen Würde

Und was sagt der Kardinal zur Entwicklung auf dem Gebiet der Biotechnik, wollen seine Zuhörer gern wissen. »Dazu habe ich schon sehr oft etwas gesagt«, erwidert er. »Und ich befürchte, das Thema wird den Abend sprengen, weil es so umfangreich ist. Aber vielleicht kann ich es in aller Kürze so skizzieren: Wenn die Bioethik nicht mehr Schritt halten kann mit der Biotechnik, dann werden diejenigen, die jetzt sein wollen wie Gott, ebenso erkennen müssen wie einst die Stammeltern: Das Paradies verliert man gerade dann, wenn man sich sein eigenes schaffen will.«

Leider werde die Kirche bei diesem Thema immer als wissenschaftsfeindliche Bedenkenträgerin hingestellt. Dies stehe jedoch im krassen Widerspruch zur Wirklichkeit. Die Kirche ziehe lediglich Grenzen gegen die Begrenzung der menschlichen Würde, gegen jede Definition des Menschen, die ihn auf einen bloßen Faktor einer Kosten-Nutzen-Rechnung reduzieren will. Wer den Menschen nur noch als Material verstehe, dessen Markttauglichkeit auf gewissen Eigenschaften beruhe, der läute das Ende

Geradezu kämpferisch wird Kardinal Meisner, wenn es um den Lebensschutz geht – zum Beginn wie zum Ende des Lebens.

des Fortschritts der Menschheit ein. Verhinderung von Leid reklamiere man zu Beginn des Lebens, Beendigung von Leid am Ende. Tatsächlich aber schaffe man nicht das Leid ab, sondern die Leidenden. Für die Kirche gelte in jedem Falle: Jeder Mensch ist von der Zeugung bis zu seinem Tod zu respektieren.

Ein Rosenkranz zum Abschied

Natürlich gibt es noch viele Fragen, für die dieser Abend nun doch nicht mehr ausreicht. Ob der Kardinal denn gelegentlich wieder einmal bereit sei zu einem Gespräch in dieser Runde, wird er gefragt. Er schaut auf seinen Privatsekretär und sagt nur lachend: Machen Sie das mit ihm aus, er verwaltet meine Termine. Und dann überrascht er die versammelte Runde noch mit einer kleinen Geste. Er holt ein Kästchen aus der Jackentasche. »Ich möchte der Frau in unserem Kreis, von der ich weiß, dass sie Mutter von zwölf Kindern ist, etwas schenken«, sagt er und überreicht der Überraschten mit einem Händedruck ein kleines weißes Kästchen.

Es ist spät, als sich alle verabschieden – und den Eindruck mitnehmen, einen Einblick in das Leben des Erzbischofs und Kardinals von Köln und in die Denkweise der katholischen Kirche erhalten zu haben. Um es vorwegzunehmen: Am nächsten Tag landen zwei Dankesbriefe auf dem Schreibtisch des Kardinals. Der eine stammt von der Mutter der zwölf Kinder. Sie trage den Rosenkranz, der in dem Kästchen gewesen sei, nun stets bei sich, obwohl sie gar nicht katholisch sei. Und sie werde ihn ihren Kindern künftig mitgeben, wenn sie vor schwierigen Aufgaben stünden. Der andere Brief kommt von einem der männlichen Teilnehmer der abendlichen Runde. Er hätte sich vor Jahren von der katholischen Kirche getrennt, nach dem abendlichen Gespräch jedoch beschlossen, wieder einzutreten. Zwei Briefe, über die sich der Erzbischof sicherlich gefreut hat.

Allerdings hat wohl keiner aus der abendlichen Runde geahnt, dass eines der Themen – keine multireligiösen Feiern in Kindergärten und Schulen abzuhalten – ausgerechnet am nächsten Tag in den Kölner Zeitungen der Aufmacher sein würde. Dies war reiner Zufall. Und ganz so neu war das Thema ja gar nicht. Das Verbot des Erzbischofs, das plötzlich für große Aufregung in der Öffentlichkeit sorgte, war seit längerem bekannt. Er hatte keine andere Auffassung vertreten als die Deutsche Bischofskonferenz. Doch zeigte es wieder einmal, wie emotional oft die Medien auf Worte und Handlungen des Kölner Kardinals reagieren.

INTERVIEW
Der Bau einer Moschee erregt die Gemüter

»In Fairness miteinander arbeiten«
Kardinal Meisner im Interview mit dem Deutschlandfunk

Ein Thema, das – wie man hier sehen kann – die Kölner nicht kalt lässt: Der Bau einer großen Moschee im Stadtteil Ehrenfeld.

Ein Thema, das nicht nur in Köln die Gemüter erregt, sondern in etlichen deutschen Städten für Diskussionen, aber auch für Proteste sorgt und künftig sicherlich noch sorgen wird: der Bau einer Moschee. Wie denkt der »oberste Katholik« im Erzbistum Köln darüber, wollte daher der Deutschlandfunk wissen. Hier das Interview, das der Journalist Jürgen Liminski mit Joachim Kardinal Meisner führte:

Viele Bürger in Köln haben Angst. Sie wollen die Moschee nicht. Kann man solch einen Bau prinzipiell verbieten?

Bei uns in der Bundesrepublik Deutschland garantiert die Verfassung Religionsfreiheit. Deshalb kann jeder seine Religion ausüben, falls die jeweilige Religion selbst und natürlich auch deren Vertreter die Verfassungswirklichkeit respektieren. Das ist geradezu die Grundvoraussetzung. Die Frage, die mich bewegt, ist: Warum lehnen Kölner Mitbürgerinnen und Mitbürger in einer solchen Weise den Bau einer Moschee ab?

Sie sprechen von der Religionsfreiheit. Nun kennen die meisten Muslime dieser Welt die Trennung von Staat und Religion nicht. Der Islam ist eine genuin politische Religion. Staat und Religion gehören seit den Anfängen zusammen. Daraus erwachsen ja auch viele Ängste der Kölner Bürger. Wie kann man diesen Befürchtungen Rechnung tragen? Oder anders gefragt: Wie beantworten Sie die Frage, die Sie sich selber stellen?

Ich muss ganz schlicht sagen: Aus traditioneller islamischer Sicht sind Versuche, der Scharia graduell immer mehr Raum in unseren Breiten zu verschaffen, zwar ganz legitim und verständlich. Wir müssen unsere muslimischen Mitbürger jedoch als Bürger darauf hinweisen, dass heute in unseren Gesellschaften die einzelnen religiösen und ideologischen Gruppen sich anders darzustellen und anders zu verhalten haben, wollen wir in Gerechtigkeit und Harmonie in unserem demokratischen Staatsgebilde nach Art der Bundesrepublik Deutschland und ihrer Verfassung leben. Das ist ein Prozess. Der Bundesinnenminister hat ja das schon mit den beiden Konferenzen getan, und daran wollen auch wir christlichen Kirchen in Deutschland uns beteiligen. Die evangelische Seite hat ja mit ihrem Papier mit dem Titel »Klarheit und gute Nachbarschaft« das jüngst schon in Angriff genommen. Wir werden als katholische Kirche unsere Position auch noch erneuern. Aber die Frage bleibt für mich konkret: Wie kommt es, dass so, man könnte fast sagen aus dem Bauch heraus, der Moschee-Bau abgelehnt wird?

Was sagen Sie denn den Kölnern, wenn sie sozusagen mit dieser Ablehnung zu Ihnen kommen?

Ich sage es einmal mehr im Hinblick auf die Muslime: Könnte die Ablehnung nicht daran liegen, dass zum Beispiel Muslime, die bei uns hier in Köln, wo Religionsfreiheit herrscht, Christen werden, sich durch Glaubensgenossen in ihrem Leben bedroht fühlen? Oder könnte es weiter daran liegen, dass es von muslimischer Seite in Deutschland, in Köln keine oder kaum Proteste gibt, wenn etwa Christen in vorwiegend muslimischen Ländern, auch in der Türkei, verfolgt oder getötet werden? Das fragen wir natürlich auch. Oder warum tritt die Ditib, die Türkisch-Islamische Union der Anstalt für Religion, die eine große Moschee in Köln bauen will, nicht hilfreich zugunsten der Christen bei ihren Glaubensbrüdern in der Türkei ein, denen der Bau von kleinen Kirchen in der Türkei verboten wird? Wie soll denn dieses Schweigen gedeutet werden? Das nährt gleichsam die Ängste vieler Mitbürger.

Sie sprechen hier das Prinzip der Gegenseitigkeit an. Viele Christen verlangen in der Tat auf jede Moschee hierzulande eine Kirche in islamischen Ländern, pochen also auf dieses Prinzip der Gegenseitigkeit. Ist das denn mit dem Selbstverständnis der christlich verstandenen Religionsfreiheit vereinbar?

Ich würde nicht sagen: eins zu eins. Ich möchte viel bescheidener sein. Wir brauchen nicht so viele christliche Kirchen in der Türkei, wie die türkischen Muslime bei uns Moscheen brauchen. Aber wir möchten, dass Kirchenbauten dort, wo sie nötig sind, wirklich in Toleranz genehmigt werden, dass christliche Kirchen gebaut werden können und dass christliches Leben sich entfalten kann, ohne dass Christen um ihr Leben fürchten müssen.

Für Muslime ist ein christliches Gotteshaus islamiert, wenn man darin in Richtung Mekka Allah angerufen hat. Können Sie sich gemeinsame Veranstaltungen mit der muslimischen Gemeinde im Dom vorstellen?

Nein! Ganz schlicht gesagt: Das halte ich für unmöglich.

Begegnung bei der Eröffnung der neuen Räume des Referats für den interreligiösen Dialog: gute Nachbarschaft ist dem Kardinal besonders wichtig.

Bekommen Sie selbst viele Briefe und Anrufe von Kölnern in dieser Sache?

Natürlich, ich habe mich ja auch dazu schon öfter geäußert in dem Sinn, wie ich es gerade wieder getan habe. Wir müssen auch wachsam bleiben, dass die Terrains, die man hier muslimischen Mitbürgerinnen und Mitbürgern zur Verfügung stellt – da geht es ja nicht nur um Moscheen, sondern auch um andere Räume –, nicht Territorien werden, auf denen sich die Scharia immer mehr entfaltet.

Das heißt, Sie verlangen auch Transparenz, was die Veranstaltungen in den Räumen, in der Moschee, um die Moschee herum anbetrifft?

Natürlich, wie wir das auch halten. Unsere Gottesdienste sind öffentlich, und bei uns hat jeder Zutritt und Einblick. Das muss auch so sein in einer solchen Gesellschaft wie der unsrigen, wo eine hohe Zahl von Einwohnern Tür an Tür lebt. Es geht mir um eine wirklich gute Nachbarschaft. Daher müssen wir darum bitten und darauf bestehen, dass die Muslime, ich sage es noch einmal, unserer Verfassungswirklichkeit entsprechend ihr Leben gestalten.

Viele Kölner haben Angst. Haben Sie auch ein bisschen Angst?

Ich will nicht von Angst sprechen, aber ich habe ein ungutes Gefühl. Letztens sagten mir noch traditionsbewusste Kölner, dass das Stadtpanorama in Köln wie in keiner anderen deutschen Stadt durch die Jahrhunderte dokumentiert sei. Ein neues Stadtpanorama würde künftig auch noch eine Moschee zeigen. Daraus spricht vor dem Hintergrund der Historie ein gewisses Erschrecken über einen Kulturbruch, der in unserer Kultur durch die Einwanderung der Muslime vorgefallen ist. Das muss man zur Kenntnis nehmen, und darauf muss man entsprechend reagieren, nicht in Form einer schlichten Kontra-Haltung, sondern wir müssen in Fairness miteinander arbeiten. Ich sage es noch einmal: Der Test für die Glaubwürdigkeit der Ditib ist die Reaktion in der Türkei, ob wir nun endlich auch mit unseren kleinen Kirchenbauten dort vorankommen.

MITTWOCH

Angegriffen – aber auch verehrt: Joachim Meisner – der Medien-Kardinal

Kardinal Meisner ist einer der gefragtesten Interviewpartner bei Funk, Fernsehen und Presse, wenn es um den Glauben geht – hier mit der Journalistin Nina Ruge.

Heute ist nichts wie sonst. Als ich das Büro betrete, klingeln alle Telefone gleichzeitig. Frau Thörnig rennt von einem zum anderen. »Nein, der Herr Kardinal ist nicht im Haus, kann ich etwas ausrichten?« fragt sie höflich und macht sich Notizen. Auch Pfarrer Boss telefoniert. Mit freundlicher Stimme versucht er, aufgeregte Anrufer zu beruhigen. Bei anderen bedankt er sich und verspricht, die Ermutigung an den Herrn Kardinal weiterzuleiten. Manchmal hält er den Hörer vom Ohr etwas ab, weil die Stimme daraus zu laut schallt. Die katholische Welt – und nicht nur die – scheint Kopf zu stehen. Was ist los? frage ich. Der Pfarrer schiebt mir die Bild-Zeitung zu. »Herr Kardinal, warum dürfen wir nicht zusammen beten?« lese ich in großen roten und weißen Lettern auf schwarzem Grund, daneben ein Foto vom Kardinal mit erhobenem Zeigefinger, darüber ein Foto von den lieben Kleinen, die nun nach dem Willen des Kardinals »nicht mehr zusammen beten« sollen. Auch die Kölner Lokalzeitungen berichten ausführlich in diesem Sinne.

Geht es da nicht um ein Thema, über das wir erst gestern Abend in der Journalisten-Runde gesprochen hatten? Ganz richtig. Das Schreiben des Kardinals, in dem er sagt, dass christliche und muslimische Kinder zwar gern zusammen feiern, aber – bitteschön – nicht zusammen beten sollen, ist Grund für diese Aufregung in der Presse. Da half auch nicht die Erklärung, die er zum besseren Verständnis hinzugefügt hatte: »Da der Glaube von Kindern

Wo immer der Kölner Kardinal sich aufhält: Er ist – so wie hier im Kindergarten – stets im Blickpunkt der Medien.

und Jugendlichen noch nicht als vollständig entfaltet anzusehen ist, sollen im Erzbistum Köln keine multireligiösen Feiern an Schulen stattfinden.« Und dass die evangelische Bischöfin Käsmann etwas ähnliches gesagt hatte, ging ebenfalls unter. Ich beobachte einen Trubel, den ich nicht für möglich gehalten hätte. »Da werden wir wieder ganz schön was zu hören und zu tun bekommen«, seufzt Gisela Thörnig, die als erste den Ansturm erlebt, wenn sich an Äußerungen des Kardinals wieder einmal »die Geister scheiden«. Heute sind es nur die Telefonanrufe, die E-Mails und die Faxe, in denen sich Empörte Luft machen oder aber Begeisterte dem Kardinal für seine mutigen Worte danken. In den nächsten Tagen werden sich die Briefe zu Bergen türmen.

Empört bis begeistert

Die ganze Welt scheint nichts anderes zu tun zu haben, als sich mit dieser jüngsten Stellungnahme des Kardinals auseinander zu setzen – ablehnend bis empört, zustimmend bis begeistert. Ich komme mir ziemlich überflüssig vor, denn an andere Arbeit ist momentan wohl nicht zu denken. Und helfen kann ich ohnehin nicht, denn ich bin nur der neutrale Beobachter, der plötzlich mitten im Wirbelsturm steht. Also schalte ich das Radio ein. Auf WDR 4 wird zu den Worten des Kardinals und der von ihnen ausgelösten Aufregung ein Kommentar angekündigt. Das macht mich neugierig. Was wird der Kommentator Hubert Maessen dazu wohl sagen? Ich weiß, dass er Holländer und evangelisch getauft ist, also in der Lage wäre, die Thematik mit der nötigen Distanz und Klarheit zu betrachten. Ich winke Pfarrer Boss, und wir hören: »Der Kölner Kardinal hat recht!« Weiter geht es: »Der Kardinal will nicht, dass sich der Gott der katholischen Christen und der für die Kirche grundlegende Ritus in einer Multikulti-Folklore auflösen.«

»Der Kommentator hat verstanden, um was es dem Kardinal geht«, sagt der Pfarrer. Auch der Schluss findet im Büro ungeteilte Zustimmung: »Dass Leute, die der Kirche feindselig sind, sich über die Äußerungen Kardinal Meisners aufregen, ist verständlich, das ist Teil eines Feldzugs. Aber dass auch katholische Christen ihre Kirche nicht mehr verstehen, das zeigt, wie weit es schon gekommen ist und wie sehr Meisner recht hat, sich Sorgen zu machen und weiteren Anfängen zu wehren, damit am Ende nicht neben dem Kreuz im Kölner Dom auch noch der Halbmond hängt. Und wenn er meint, dass es für interreligiöse Begegnungen gefestigte Christen braucht, dann hat er noch einmal recht.« Ob dem Kommentator wohl bewusst ist, wie ernst und wichtig seine Worte hier genommen werden?

»Wir holen uns den Kommentar aus dem Internet. Wenn der Chef heute Nachmittag zurückkommt, soll er ihn lesen. Das wird ihn sicherlich interessieren«, sagt Gisela Thörnig, die solche Turbulenzen um Stellungnahmen des Kardinals zu aktuellen Themen der Gesellschaft schon oft miterlebt hat. Aber was hatte er doch vor zwei Tagen gesagt? »Als Jugendlicher habe ich mit den anderen stets ein Gebet gesprochen: ›Herr, lass mich stehen, wo die Stürme wehen, und schone mich nicht!‹ – Und soll ich mich da jetzt beschweren, wenn der Herr meine Gebete erhört?«

Sieben Strafanzeigen gegen eine Predigt

Und Stürme gibt es für den Kölner Kardinal immer wieder. Gegen eine seiner Predigten wurden sieben Strafanzeigen gestellt. Es war die

So viel Zeit muss schon sein: Wenn man kräftig auf den Würfel pustet, dann gibt es garantiert das nächste Mal eine Sechs.

Vor einem Bild des heiligen Sebastian ein nachdenklicher Kardinal Meisner. Auch er wird öfters von Pfeilen getroffen...

Predigt zum Epiphaniefest des Jahres 2005 im Kölner Dom, die diesen Wirbel auslöste. Pfarrer Boss hat den Text so oft ausdrucken und verschicken müssen, dass er nur wenige Mausklicks benötigt, um mir den Wortlaut aus dem Computer zu ziehen. Die beanstandete Stelle markiert er rot, damit ich sie gleich finde. Und da heißt es: »Wo der Mensch sich nicht relativieren und eingrenzen lässt, dort verfehlt er sich immer am Leben: zuerst Herodes, der die Kinder von Bethlehem umbringen lässt, dann unter anderem Hitler und Stalin, die Millionen Menschen vernichten ließen, und heute, in unserer Zeit, werden millionenfach ungeborene Kinder umgebracht. Abtreibung und Euthanasie heißen die Folgen dieses anmaßenden Aufbegehrens gegenüber Gott.«

Meisners empörte Kritiker sahen darin eine Verharmlosung des Holocaust. Es hagelte Proteste und Beschimpfungen, dass die Telefon- und Faxdrähte glühten und das Presseamt des Erzbistums Überstunden machen musste. Doch die Aufregung erwies sich als Sturm im Wasserglas: Alle Strafanzeigen wurden von der Staatsanwaltschaft als unbegründet abgewiesen.

DER MEDIENKARDINAL | **MITTWOCH**

Der unbefangene Umgang mit Kindern zeichnet den Erzbischof von Köln aus.

Meisner ist als Kardinal der klaren Worte bekannt, und so kommt es gar nicht selten vor, dass er im Feuer der öffentlichen Kritik steht. Das Hamburger Nachrichtenmagazin »Der Spiegel« pflegt ihn schon mal als »Gotteskrieger vom Rhein« zu bezeichnen, der »gegen Frauenpriestertum, Abtreibung, Homosexuelle und Vielehen« zu Felde ziehe und »ganz Europa als eine aus den Fugen geratene Gesellschaft« bezeichne. Dieser Kardinal sei »eine Plage, extrem unchristlich und herzlos«, sind wiederum andere Medien überzeugt. Einige Tageszeitungen attestieren ihm zuweilen – wenn sie sich über seine deutlichen Appelle mal wieder geärgert haben – ein »seltsames Gottesverständnis«. Manche glauben auch zu wissen, er sei »erzkonservativ und humorlos, antiliberal, doktrinär, unmenschlich«. Die Liste der Beschimpfungen könnte weiter fortgeführt werden, was aber allmählich langweilig würde.

Eines Tages musste der »Spiegel« sogar eine Behauptung zurücknehmen. Er hatte geschrieben, Kardinal Meisner sei beim Papst in Rom vorstellig geworden, um Personalpolitik in eigenem Interesse zu betreiben und für seine Nachfolge konkrete Pflöcke einzuschlagen. Die Gerüchteküche brodelte, und als die wildesten Verschwörungstheorien bereits die Runde machten, brachte das Nachrichtenmagazin in einer seiner folgenden Ausgaben nicht nur eine Gegendarstellung Meisners, aus der hervorging, dass der Bericht nicht stimmte. »Der Spiegel« schrieb sogar darunter: »Der Kardinal hat recht.« – In Zeitungen und Zeitschriften steht eben nicht immer die Wahrheit ...

Mit Polizeischutz unterwegs

»Zu meiner Zeit als Bischof von Ost- und West-Berlin wurde ich nicht nur mit Worten bekämpft«, erinnert sich Kardinal Meisner. Als von den sogenannten 68ern die Hörsäle gestürmt und Professoren gewaltsam am Reden gehindert wurden, gab es in West-Berlin außerdem eine militante Hausbesetzer-Szene, die ein katholisches Gymnasium besetzt hielt. »Aus Sicherheitsgründen musste ich damals mit Polizeischutz unter-

Der Kölner Kardinal auch mal demonstrativ mit einer Narrenkappe – hier bei der Eröffnung des Weltjugendtages in Köln.

wegs sein. Dies allerdings traf nur für West-Berlin zu.« In Ost-Berlin dagegen habe er in seiner Soutane unbehelligt durch die Straßen gehen können. Sein West-Berliner Büro sei auch einmal von Kindergartenkindern besetzt worden, die mit ihren Leiterinnen gekommen waren, weil er einen Pfarrer versetzt hatte, der öffentlich mit einer Frau zusammen lebte. Auf Schildern, die sie mitführten, habe gestanden: Der böse Bischof gönnt unserem lieben Pfarrer seine Freundin nicht. – »Da wurden Kinder in unverantwortlicher Weise für etwas missbraucht, das sie gar nicht verstehen konnten. Ich muss sagen, dass mich dies sehr traurig gestimmt hat.«

Nur einmal – und es ist noch gar nicht so lange her – da überschlugen sich die Medien vor Begeisterung. Dieser Kardinal sei ja ganz anders, so locker, man könne ihn sogar sympathisch finden. Und tatsächlich schien er fröhlicher und unbeschwerter zu sein. Nicht, dass er etwas anderes sagte als sonst, aber er lachte mehr und machte Scherze. Eingeschworene Kardinals-Gegner fragten sich bereits besorgt, ob sie zuvor an einer Wahrnehmungstrübung gelitten hätten. Oder sollte der Kardinal dank Jugendtagelixiers eine wundersame Wandlung durchgemacht haben?

Die Zeitungen lobten seine fortschrittliche Gesinnung, schrieben von »unserem Kardinal«, Fernsehen und Rundfunk übertrafen sich vor lauter Lob und wetteiferten, ihn als Interviewpartner zu gewinnen, denn sie schätzten plötzlich seine klare und überzeugende Urteilskraft. – Es war Weltjugendtag in Köln. Unbestätigtem Raunen aus erzbischöflicher Umgebung zufolge soll auch der Kardinal ob all des Lobes irritiert gewesen sein. Er habe sich ernsthaft gefragt, ob er gar etwas falsch gemacht habe. Doch auch ein solch allseits erhebender Weltjugendtag währt nicht ewig. So kehrte nach seliger Euphorie der mühselige Alltag mit seinen Untiefen zurück.

Gegner und Anhänger

Aber ob so oder so! Die Kölner nehmen es ohnehin gelassen. Sie sind und bleiben zweigeteilt: in eingeschworene Gegner des Herrn im Hause an der Kardinal-Frings-Straße oder in leidenschaftliche Anhänger und Verehrer. Und dann soll es da noch eine dritte Gruppe geben, die stoisch behauptet: Der Kardinal kann sagen, was er will: wir bleiben katholisch.

Am Nachmittag sehe ich vom Kardinal nicht viel. Er ist erst ziemlich spät von seinem Termin zurückge-

Immer wieder hält er am Tag einen Augenblick der inneren Einkehr und des Gebetes in der kleinen Privatkapelle.

kommen, hat in Eile zu Mittag gegessen und sich – das darf für ihn nicht zu kurz kommen – für eine Weile in die Kapelle zurückgezogen. Zum Trubel um seine Äußerungen hat er nicht viel gesagt. Jetzt sitzt er in seinem Büro und arbeitet auf, was sich am Morgen angesammelt hat. Denn gleich geht es nach Bonn, um in der dortigen St.-Elisabeth-Gemeinde mit einem festlichen Hochamt ein Jubiläum zu feiern. Ein Termin ganz und gar wieder nach seinem Geschmack, wenn die Wochen zuvor vollgestopft waren mit Sitzungen, vor allem, wenn sie eine solch komplizierte Thematik haben wie die, mit der sich die Übersetzungskommission für das neue Messbuch beschäftigt.

Ihr gehören Mitglieder der Bischofskonferenzen aus Deutschland, der Schweiz, Österreich, Luxemburg und Liechtenstein an, und der Kölner Kardinal ist zum Vorsitzenden berufen worden. »Es geht um die dritte Auflage des Römischen Missale«, erklärt er. »Das hört sich einfach an, aber es gibt viel Detailarbeit. Wir ringen um jede Formulierung. Zum Beispiel, ob es bei den Einsetzungsworten heißen soll: ›In der Nacht, da er verraten wurde‹ oder ›In der Nacht, da er überliefert wurde‹. Ich plädiere unbedingt für das Wort ›verraten‹. Das gibt den eigentlichen Sinn treffender wider.«

Nicht ohne seine Mitra

Roman Dolecki öffnet den Wagenschlag. Sonst sitzt der Kardinal gern vorn. Aber heute sind wir zu mehreren, da steigt er hinten rechts ein, und ich soll links neben ihm sitzen, damit wir uns während der Fahrt unterhalten können. Vorne an der Seite des Fahrers hat der Pfarrer Platz genommen – mit Aktenmappe, Telefon, dem Köfferchen mit dem auseinandergeschraubten Hirtenstab und mit der zusammengefalteten Mitra. Denn wenn Albe, Messgewand und im Notfall auch der Hirtenstab ausgeliehen werden können, geht das mit der Mitra nicht, bei ihr kommt es schließlich auf den Kopfumfang an. Eine geliehene Mitra, die während des feierlichen Hochamtes über die Ohren rutscht, weil sie nicht passt, wäre für den Träger wohl eine recht ungemütliche Angelegenheit. Langsam rollt unser schwarzer BMW mit dem Kennzeichen K-JM-1962 vom Hof auf die Straße, und Kardinal Meisner spricht den Reisesegen:
»*Unter deinen Schutz und Schirm / fliehen wir, o heilige Gottesgebärerin. / Verschmähe nicht unser Gebet / in unseren Nöten, sondern erlöse uns jederzeit / von allen Gefahren, / o du glorwürdige und gebenedeite Jungfrau, / unsere Frau, unsere Mittlerin, / unsere Fürsprecherin. /*

Sein Wappen: hier als Freundschaftsgeschenk aus Polen für den schlesischen Kardinal, der in Breslau-Lissa geboren wurde.

Versöhne uns mit deinem Sohne, / empfiehl uns deinem Sohne, / stelle uns vor deinem Sohne.

Eine gute Fahrt, ein gutes Gelangen an unser Ziel / gewähre uns der allmächtige und barmherzige Gott, / der Vater, der Sohn und der Heilige Geist. / Amen – also gute Fahrt.«

Roman Dolecki lenkt den Wagen geschickt durch den Feierabendverkehr. Er kennt jeden Schleichweg und kommt immer pünktlich ans Ziel, wie er versichert. Nur in Polen wäre es beinahe einmal eng geworden. Nach der Messe des Papstes in Gnesen sollte er seinen Kardinal zum Flughafen nach Posen bringen, damit er rechtzeitig die Maschine zurück nach Köln erreichte. »Zu normalen Zeiten wäre das kein Problem gewesen, doch wenn nach solch einer Messe Millionen Menschen alle gleichzeitig aufbrechen wollen, wird das schwierig.« Was also tun? Da lief dem in Zeitnot geratenen Dolecki (»... der Heilige Geist weiß immer Rat!«) der Erzbischof von Posen über den Weg. Kurzerhand bot der ihm an, er dürfe sich mit seinem Kölner Fahrzeug der bischöflichen Wagenkolonne anschließen, denn die Polizei würde mit Blaulicht den Weg bis nach Posen bahnen.

Freie Fahrt für den Kardinal

Es kommt dem gebürtigen Westpreußen Dolecki zugute, dass er fließend polnisch spricht. »Wenn ich in Polen von der Polizei angehalten werde«, gesteht er, »brauche ich nur zu sagen, dass ich den Kölner Kardinal da hinter mir – oder neben mir – im Wagen pünktlich zum Kardinal nach Breslau bringen muss, um gleich wieder freie Fahrt zu haben. Vorher entschuldigen sich die Beamten sogar noch, uns angehalten zu haben und wünschen gute Fahrt.«

Heute allerdings fahren wir nur nach Bonn, und Dolecki hält sorgfältig jede Geschwindigkeitsbegrenzung ein. »Herr Pfarrer, Sie haben doch wohl mein Manuskript dabei«, fragt der Kardinal seinen Privatsekretär aufgeräumt. Der sitzt vorne und telefoniert. »Mehrere Zeitungen fragen an, sie möchten mit Ihnen ein Interview machen«, sagt er. »Und das Lokalradio will wissen, welche Bibelstelle Ihr Lieblingstext ist. Ich habe ihnen gesagt: 2. Korinther 4, Vers acht bis zehn.«

Von allen Seiten werden wir in die Enge getrieben und finden doch noch Raum; wir wissen weder aus noch ein und verzweifeln dennoch nicht; wir werden gehetzt und sind doch nicht verlassen; wir werden niedergestreckt und doch nicht vernichtet. Wohin wir auch kommen, immer tragen wir das Todesleiden Jesu an unserem Leib, damit auch das Leben Jesu an unserem Leib sichtbar wird.«

Ich schaue den Kardinal erstaunt an, denn auf mich wirkt der Text eher deprimierend. »Ganz im Gegenteil«, meint Kardinal Meisner. »Wir, die wir als Christen nachfolgen, tragen das Todesleiden Jesu an uns, aber damit auch die Garantie der Auferstehung. Ein Jünger Jesu ist immer auch ein Stigmatisierter, ein Gezeichneter. Von den Wunden Jesu stigmatisiert zu sein, gehört zur Konformität eines Jüngers. Wie sagte doch Paul Claudel? ›Es ist eine große Gnade, Herr, dass du uns bei deinem Kreuz verwendest‹.«

Eine kleine Szene, unterwegs aufgenommen: Für eine Gruppe von Kindern ist Kardinal Meisner immer wieder gerne zu sprechen.

Dann ruft Bischof Müller an. Er will eine dringende Angelegenheit mit seinem Kölner Kollegen besprechen, und der Kaplan reicht das Telefon nach hinten. Aus den Antworten des Kardinals kann ich mir keinen Reim machen. Ich habe das Gefühl, dass es um eine interne

Eine Autonummer, die die Kölner kennen: JM = Joachim Meisner, 1962 = das Jahr, in dem er zum Priester geweiht wurde.

Angelegenheit geht, und so frage ich diesmal nicht nach. Noch einmal läutet das Telefon, und Pfarrer Boss hört der Anruferin eine Weile zu. Dann sagt er nur, dass es »leider nicht möglich ist, weil der Herr Kardinal sich dann vor Anfragen nicht mehr retten könnte. Aber es gibt auch noch andere freundliche Geistliche in Köln, die Ihrem Wunsch ganz bestimmt entsprechen werden.« Eine Mutter war am Apparat gewesen mit der Bitte, der Kardinal persönlich möge sie und ihren Lebenspartner im Kölner Dom trauen. Ihr kleiner Sohn habe begeistert vom Kardinal erzählt, der im Kindergarten zu Besuch war. Nun hätte er nur noch einen Wunsch und würde ständig betteln: »Mama und Papa, der soll euch zu Mann und Frau machen.«

»Er ist eine Zugnummer«

Wir sind in Bonn angelangt. Die Uhr verrät, dass wir noch zehn Minuten Zeit haben, gerade ausreichend, um pünktlich – weder zu früh noch zu spät – an unserem Ziel anzukommen. Als wir vorfahren, steht schon eine Abordnung bereit. »Willkommen, Herr Kardinal«, sagt der Pfarrer. Händeschütteln, dann verschwindet der Tross in der Sakristei der Kirche. Roman Dolecki und der Pfarrer folgen ihm, und ich nehme in einer der hinteren Reihen der Kirche Platz, die heute voll besetzt ist. Zum einen des Jubiläums wegen, zum anderen wegen des Kardinals. »Er ist eine Zugnummer«, sagt eine Dame neben mir. »Ich bin extra von Bornheim gekommen, um ihn mal persönlich zu erleben.«

Im Predigttext geht es um die Feindesliebe. Während der Austeilung der Kommunion mogeln sich viele in die Reihe ein, die beim Kardinal endet, um von ihm die Hostie in Empfang zu nehmen und ihn aus der Nähe zu sehen. Einige glauben auch, dann hätte die Kommunion eine besondere Segenswirkung. Das ist Aberglaube. Ich weiß, dass der Kardinal in solchen Fällen beruhigt: »Gott teilt sich nicht, der kommt immer ganz zu uns.« Nach der Messe sind die Gottesdienstbesucher eingeladen, im Gemeindehaus bei Bier und kaltem Buffet ein wenig zu feiern. Der Saal füllt sich langsam, und während Kardinal Meisner die Gäste per Handschlag begrüßt und für jeden ein freundliches Wort hat, halten sich Roman Dolecki, der Pfarrer und ich in der Nähe des Ausgangs auf. »Es kann sein, dass er ganz plötzlich wieder in der Tür steht und zurückfahren will«, sagen die beiden, die seine Gepflogenheiten gut kennen.

Und tatsächlich: Nachdem er seine Runde durch die Reihen der Gäste beendet hat, kommt er schnellen Schrittes auf uns zu. »Wir können fahren!« Und wenige Minuten später – ich habe noch ein halbes Schinkenbrötchen zwischen den Zähnen – sind wir wieder auf der Strecke. »Wie lang war ich heute«? fragt der Kardinal, und Roman Dolecki sagt, als hätte er auf die Frage schon gewartet: »Sechzehn Minuten, Herr Kardinal.« »Ich dachte, fünfzehneinhalb. Ich muss mich das nächste Mal kürzer fassen.« Ist er immer noch mit derselben Begeisterung Priester? »Ich habe mir seit meiner Priesterweihe immer wieder Notizen gemacht, die ich hin und wieder durchlese, um festzustellen, wie es um meinen Glauben steht. Manches ist nicht mehr so unbekümmert, aber die alte Intensität ist noch da.«

Woher bezieht er die Kraft für sein Amt? »Die Quelle für mein geistliches Leben ist das Gebet«, gesteht er. »Je älter ich werde, desto mehr kehre ich zur Gebetspraxis meiner Jugendzeit und Kindheit zurück. Es ist uns in der Theologie gesagt worden, dass Gott unveränderlich ist, sodass wir ihn durch unser Gebet nicht beeinflussen können, sondern wir werden positiv verändert, indem wir beten.« Es habe ihn nie zufrieden gestellt,

Unterm Kreuz deutliche Worte: Dass der Gekreuzigte zwar unseren Augen verborgen, dennoch aber in Brot und Wein gegenwärtig ist.

dass das Gebet nur Mittel zum Zweck sein soll für das eigene christliche Leben, aber Gott davon »nichts« habe, bis ihm aufgegangen sei: Wir leben als Christen gar nicht im Externum Gottes, sondern wir leben durch Taufe, Firmung und Eucharistie in ihm. In ihm leben wir, bewegen wir uns und sind wir wirklich.

Er sei auch überzeugt, dass Gott sich freue, wenn er mit ihm spreche. »Er trägt mich, wenn ich nicht mehr weiter kann. Er tröstet mich, wenn ich traurig bin. Wenn ich bete, weiß ich, dass ich von Gott schon erwartet werde. Das wird mir ganz besonders vor dem Tabernakel bewusst. Hier brauche ich keine Bemühungen, um einen Termin oder um eine Audienz zu ersuchen. Hier werde ich sofort vorgelassen, ja, hier werde ich schon erwartet. Darum ist die Anbetung vor dem Tabernakel die Kraftquelle für mein priesterliches und bischöfliches Wirken schlechthin.«

Es ist still geworden im Fond des Autos. Jeder hängt seinen Gedanken nach. Reflektiert das soeben gehörte. Ich prüfe mich selbst …

DONNERSTAG
Einweihungen – Jubiläen – Karneval: Feiern mit dem Kardinal

Lieber wäre er bei den Menschen seiner Gemeinden – doch zu den regelmäßigen Pflichten eines Erzbischofs gehört nun mal auch sehr viel Arbeit am Schreibtisch.

Die morgendliche Messe beginnt zur üblichen Zeit. Heute feiert sie der Pfarrer alleine, denn der Kardinal zelebriert später in Neuss. Das Frühstück ist noch kürzer als sonst. Heute sind wir wieder zeitig auf der Strecke. Die Sonne scheint, und es geht nach Neuss – ein anderer Ort, ein anderes Thema für den Kardinal: An der St. Elisabeth-Akademie wird eine Ausbildungsstätte für Pflegekräfte eröffnet. Der Kardinal soll die Messe zelebrieren und die Räume segnen. Kurze Begrüßung durch die Akademie-Leitung und die Lehrer, dann zieht sich Kardinal Meisner in die Sakristei der Kirche neben dem Krankenhaus zurück. Er ist in seinem Element, und die Thematik ist ihm vertraut. Fünf Jahre lang hat er in Erfurt Religionsunterricht für angehende Kindergärtnerinnen erteilt. »Je tiefer in Gott, desto näher bei den Menschen«, gibt er seinen jungen Zuhörern mit auf den Weg. Und »wir haben einen unerschöpflichen Vorrat an guten Worten. Warum sind wir so geizig damit?«.

Dann ist das obligatorische Sektfrühstück angesagt. Pfarrer Boss und Fahrer Dolecki halten sich wieder vorsichtshalber in der Nähe des Ausgangs auf. Denn sie wissen: Wenn alle Hände geschüttelt sind, wird abgefahren. Doch heute dauert es etwas länger. Denn der Kardinal will noch alle Räume des neuen Gebäudes besichtigen – und an ihm soll auch noch das Blutdruck-Messgerät ausprobiert werden. Hinterher sind alle zufrieden – mit dem Rundgang, aber vor allem auch mit

Ein seltenes Bild in einer Zeit, in der Kirchen geschlossen werden: Der Kardinal weiht 2002 die Kirche St. Theodor in Köln-Vingst.

Karneval und Kirche gehören zusammen: Kardinal Meisner mit dem Kölner Oberbürgermeister Schramma und dem Präsidenten des Festkomitees Ritterbach.

dem Messgerät und mit dem Blutdruck des Kardinals. »Wie lang war ich heute?« heißt seine erste Frage im Auto an Roman Dolecki. Gemeint war natürlich die Predigt. »Fünfzehn Minuten auf den Punkt.« Pfarrer Boss telefoniert: »Wir sind in einer halben Stunde zu Hause«, teilt er Schwester Radegundis mit, die das Mittagessen nicht gern verbrutzeln lässt.

Neulich abends, auf dem Rückweg von Knechtsteden, hatte es der Kardinal weniger eilig. Was hatte er soeben nebenbei erfahren? Einer seiner Priester feiert in einem Gasthaus ganz in der Nähe Jubiläum? »Dolecki, wir fahren dorthin«, entschied er kurzentschlossen. Dort angekommen, nahm er allerdings nicht die übliche Eingangstür in den Saal, sondern schlich sich unbemerkt hinter den Tresen, und der Jubilar und seine Gäste rieben sich nach einer Weile erstaunt die Augen: »Der, der da die Biere zapft, sieht aus wie unser Kardinal …« Und nach dieser Geschichte entwickelt sich in unserem Auto ein neuer Diskussionsstoff.

Zum Beispiel darüber, ob Gott Humor hat. Ich muss zugeben, dass ich mir da nicht sicher bin, und ich weiche aus und verweise auf den Kölner Journalisten Dieter Thoma. Der gibt in seinem Buch über Lieblingswitze der Deutschen zu bedenken, dass das Bejahen, Gott habe Humor, ihm letztlich unterstelle, dass er auch Witze mache. Und das könne er, selbst wenn es einem vielleicht manchmal so vorkommen könnte, nicht vermuten. Denn Witz und Humor setzten menschliche Schwächen voraus. Und die blieben doch uns Erdenbürgern vorbehalten. Auch Kardinal Meisner scheint sich mit dieser Frage schon öfters auseinandergesetzt zu haben, aber er ist – im Gegenteil – überzeugt:

Der Humor lebt vom Humus

»Gott hat Humor«! Und er begründet dies auch gleich theologisch. »Der Humor, der Mutterwitz, lebt von dem Humus, also der Muttererde, des Evangeliums.« Als kostbarste Frucht davon schenke Gott uns die Humanitas, die Menschenwürde. »Wenn die Muttererde fruchtbar sein soll, gehört auch Feuchtigkeit dazu, was ursprünglich das Wort Humor bedeutet. Hier muss man nicht gleich ans Kölsch denken«, fügt der Kardinal noch an und lehnt sich in die Polster zurück. Wir blicken ihn neugierig an, denn die Erklärung genügt uns noch nicht. »Diese hier gemeinte Feuchtigkeit des Humors entspringt dem Humus eines tiefen Glaubens an den lebendigen Gott, der die Erfüllung der Menschen-

Der Kardinal zu Gast beim Kölner Karneval.

herzen ist. Er gab den Menschen alle Bodenschätze – nicht nur zur Erfüllung seiner Sehnsucht, sondern auch als Wegweiser zu ihm. Wer Humor haben will, der muss über den Dingen stehen, auch über sich selbst, indem er sich selbst auf den Arm nehmen kann. Humor zeigt sich im Lächeln, nicht in der Grimasse. Witzemacher verlangen oft Eintrittsgeld. Aber der Humor ist nicht zu bezahlen, wenn es ihm gelingt, unsere Sorgen klein erscheinen zu lassen. Humor ist darum wie ein frischer Luftzug in einem überheizten Zimmer.«

Die Freunde des Karnevals in Köln hatten ein paar Wochen später im Kölner Dom das Vergnügen, während einer Messe zum Karnevalsauftakt eine ganze Predigt von Kardinal Meisner zum Thema »Humor« zu hören. Ob die wohl während unseres Gesprächs im Auto entstanden war? Besonders gefiel den Jecken, als der Kardinal auch noch feststellte: »Karneval ist mit dem Evangelium blutsverwandt.« Als er zum Schluss meinte: »Erlauben Sie mir anstelle des Amen ein Kölle Alaaf«, gab es nicht nur tosenden Beifall, sondern ein dickes Kompliment aus Karnevalistenmund: Der Kardinal hat Humor. Der »Express« berichtete am nächsten Tag in dicken Lettern über »Kölns jecksten Jottesdienst«. Und

Wenn es für die Straßenkinder in Rio ist, geht der Kardinal schon mal bei der Karnevalssitzung mit dem Klingelbeutel sammeln.

ganz wie von selber steht nun fest: Wenn das so ist, dann muss zum Auftakt des Kölner Karnevals die Messe im Dom unbedingt Tradition werden.

Die Kölner konnten sogar erleben, dass der Kardinal bei einer der vielen Karnevalssitzungen zu Gast war: Bei der Sitzung »Kölsche Jecke för uns Pänz in Rio«, in deren Programm die Künstler alle kostenlos auftreten. Ihm gefiel, dass hier die Fröhlichkeit und Ausgelassenheit des Karnevals mit einem guten Zweck verbunden ist, denn das Geld, das hier zusammenkommt, ist für Straßenkinder in Rio de Janeiro bestimmt. Und zwischen Büttenreden und Schunkeln ging der Kardinal – wie auch der Kölner Oberbürgermeister und der Präsident des Festkomitees – mit dem Klingelbeutel durch die Reihen der Narren und sammelte Spenden ein.

Wir sind schneller als gedacht wieder vor dem Erzbischöflichen Haus angelangt. Während Roman Dolecki den Wagen in die Garage bringt, nutzt der Kardinal die gewonnene Zeit und geht in sein Büro, denn nächste Woche hat er eine Verabredung in Breslau, und da gilt es, umfangreiche Vorbereitungen zu treffen. Die Beziehungen zwischen den Polen und den Deutschen sind ihm wichtig. Vor allem jene zwischen der Geistlichkeit. Und das nicht erst, seit es den polnischen Papst gab. »Schließlich bin ich in Breslau geboren«, sagt er. »Nach wie vor ist mir mein Heimatort gefühlsmäßig sehr nahe. Ich lege großen Wert darauf, mit den jetzigen Bewohnern guten Kontakt zu haben.«

Polnisch-Unterricht im Auto

Und den hat er auch. Wie oft feiert er mit ihnen in ihrer Kirche in Breslau-Lissa die Messe! »Dann darf ich mit ihm predigen«, lacht Roman Dolecki, der seinen Chef oft nach Breslau begleitet. »Natürlich predigt der Herr Kardinal, aber ich darf seine Predigt ins Polnische übersetzen«, gesteht er. »Die Einleitungsworte und den Segen spricht er allerdings selber auf polnisch.« Während langer Autofahrten hat er geduldig geübt, bis die Aussprache perfekt war. Was bei seinen Gastgebern als Geste natürlich besonders gut ankommt. Als Zeichen, wie sehr sich die Gemeinde in Lissa mit dem Kölner Kardinal, der doch aus ihrem Ort stammt, verbunden fühlt, gibt es jetzt dort einen »Kardinal-Meisner-Kindergarten« – und Kardinal Meisner durfte ihn persönlich segnen.

Roman Dolecki genießt die langen Autofahrten mit seinem Chef. Sie teilen sich unterwegs die Butterbrote, und – wenn der Kardinal

Wem sein Zeichen wohl gilt? Vielleicht bedeutet es aber auch nur begeistert: Da hinten kommt er ja endlich – Papst Benedikt.

nicht gerade die Zeit nutzt, um zu lesen, zu telefonieren oder zu schreiben – reden gern über Gott und die Welt. So kommt es, dass Dolecki manchmal in einer Predigt etwas aus diesen Gesprächen wiederentdeckt, vor allem, wenn es um die Familie geht. »Warum fahren Sie mit ihrer Frau nicht mal im Winter in die Berge?« erkundigte sich Kardinal Meisner neulich bei seinem Fahrer. »Das geht nicht, denn dann würde sie sich sicherlich einen Pelzmantel wünschen, und den können wir uns nicht leisten«, hieß die Antwort. Und ein erstaunter Kardinal gestand ein: »Auf solch eine Idee wäre ich natürlich nicht gekommen.« Aber Dolecki ist auch der Übermittler des aktuellen Weltgeschehens. »Der Kardinal hat wenig Zeit, fernzusehen oder Radio zu hören. Wenn er mal wieder lange Tagungen hinter sich hat und wir anschließend zurückfahren, erzähle ich ihm, was zwischendurch in der Welt passiert ist.«

Ohnehin sieht der Erzbischof selten einmal fern. Von Beginn der Fastenzeit bis Pfingsten gar nicht. Und wenn er sonst gelegentlich einmal fernsieht, dann interessieren ihn neben den Nachrichten höchstens historische Filme.

Die Schwestern Radegundis und Ingridis schauen zufrieden um die Ecke. Das Essen steht auf dem Tisch. Heute Mittag gibt es Gulasch, hinterher einen Obstsalat. Bevor der Kardinal gegen zwei Uhr wieder in seinem Büro erscheint, zieht er sich in die Kapelle zurück. »Das lässt er sich nicht nehmen, daraus holt er sich seine Kraft«, wissen alle im Hause. Dann beginnt wieder der übliche Rhythmus von Telefonaten, Besuchen und Schreibtischarbeit. »Früher haben mich, wenn ich mal wieder in viel zu viel Papierkram zu ersticken drohte, wenigstens meine Gänse aufgemuntert«, seufzt Kardinal Meisner. Jeder in seiner Umgebung weiß, dass er diese Tiere besonders liebt. Und bis heute bedauert er, dass sie nicht mehr da sind.

Kein Platz für Gänse

»Eines Tages«, so erinnert sich Gisela Thörnig, »wurde ein riesiges Gestell bei uns abgeliefert.« Der Inhalt schnatterte aufgeregt. Als die Box geöffnet wurde, kamen zwei lebendige Gänse heraus – frisch importiert von einem Bauernhof. »Für den Herrn Kardinal!«, hatte der Absender bestimmt. Der Kardinal war begeistert. Fortan durfte

Beim »Atemholen« im Garten: Ja, wo sind sie denn geblieben, die Entenküken? Gestern hatte ich doch noch fünf gezählt.

das Federvieh frei im erzbischöflichen Garten herumspazieren. »Sie kamen auch immer wieder vor meine Bürotür oder schauten neugierig durch das Fenster«, erinnert sich der Kardinal. Aber nach einiger Zeit musste er sich schweren Herzens von seinen ihm lieb gewordenen Gänsen trennen. Die Schwestern und der Gärtner hatten ein Machtwort gesprochen. Sie hatten protestiert, weil das Federvieh den schönen Garten ruinierte und so viel Dreck machte, dass sie mit dem Reinigen nicht mehr nach kamen. Endstation war der Kochtopf von Schwester Radegundis. Mit Ehrgeiz bereitete sie für eine größere Tischgemeinschaft eine köstliche Mahlzeit. Ob der Kardinal auch von dem Braten gegessen hat? Er hat. Es ist allerdings nicht überliefert, ob ihm dabei der Bissen im Halse stecken blieb.

Einige Zeit später erhielt der Kardinal zum Trost zwei Enten. »Die machen weniger Dreck und weniger Krach«, wurde ihm versichert. Doch auch für diese Tiere hieß die Endstation Kochtopf, und Schwester Radegundis durfte erneut ihre Kochkünste unter Beweis stellen. Zurück blieb wiederum ein trauriger Kardinal. Letztendlich erbarmte sich seine Umgebung und stellte ihm zwei Gips-Enten vor das Fenster, die fortan Zeuge sein durften, wenn er die Geschicke des Erzbistums büromäßig verwaltete. Allerdings haben auch sie nicht lange »gelebt«. Diesmal war Schwester Radegundis nicht schuld. Es war der Frost im Winter.

Seitdem freut sich der Kardinal über die Wildenten, die sich ganz freiwillig im Garten vor seinen Fenstern niederlassen, schnattern und im Teich planschen und jedes Frühjahr eifrig Nachwuchs produzieren. Vor einiger Zeit allerdings war eine der Enten mit ihren Küken zu einer Abenteuertour aufgebrochen. Als sie auf der Straße gesichtet wurden, alarmierten aufgeregte Passanten die Polizei. »Das sind ganz bestimmt die Enten des Kardinals. Wir kennen sie aus der Kirchenzeitung«, meldeten sie. Die Beamten fingen die Ausreißer ein und lieferten sie im Erzbischöflichen Haus ab. Seitdem ist dort die geflügelte Welt wieder in Ordnung.

Wer melkt die Ziege?

Eingeweihte wissen, dass es noch ein anderes Lieblingstier des Kardinals gibt. Aber auch dieses wäre wohl für den erzbischöflichen Garten ungeeignet. »Als Kind hatte ich eine Ziege«, erzählt er nicht ohne Stolz. »Sie war so zutraulich, dass sie fast schon zur Familie gehörte.« Natürlich brachte es keiner übers Herz, sie zu schlachten. Also wurde sie zum Bock gebracht. Zur Freude des kleinen Joachim kamen bald drei Junge zur Welt. Auch später sorgte die Lieblingsziege der Meisners noch fleißig für Zicklein, die in dem thüringischen Dörfchen Körner reißend Absatz fanden. Vor allem aber war sie eine fleißige Milchspenderin. Bis zu sechs Liter – erinnert sich der Kardinal – habe sie täglich gegeben. Und wer hat sie gemolken? »Meine Eltern sagten zu mir, es sei meine Ziege, und deshalb wäre ich auch für das Melken zuständig. Also habe ich melken gelernt.«

Lieber zu früh als zu spät

Es ist halb drei am Nachmittag. Pfarrer Boss telefoniert und plant Termine für die nächste Woche. Sekretärin Gisela Thörnig sitzt vor dem Computer. Sie schaut nach eingegangenen E-Mails. Das Geräusch des Druckers ist zu hören. »Wann will der Herr Kardinal heute Abend abfahren«, höre ich eine bekannte Stimme vom Flur her. Sie gehört dem Fahrer Roman Dolecki. »Viertel nach sieben reicht!« antwortet ihm Kaplan Boss, »wir müssen ja nur um ein paar Ecken fahren bis zu St. Ursula.« »Braucht der Kardinal noch Unterlagen für seinen Vortrag?« fragt Gisela Thörnig. »Nein«, weiß der Pfarrer, »er wird frei sprechen, denn er will vor allem Fragen der Anwesenden beantworten. Seine Zuhörer kennen das Heilige Land alle sehr gut und nehmen am Geschehen regen Anteil.«

Um halb acht ist in der Kirche St. Ursula kein freier Platz mehr zu finden. Der Verein vom Heiligen Lande hat zu einem Informationsabend eingeladen. Der Kardinal, der Präsident des Vereins ist, soll nach der heiligen Messe von seiner Reise mit der Deutschen Bischofskonferenz ins Heilige Land berichten. Die Zuhörer wollen vor allem von ihm wissen, wie es den dort lebenden Christen geht. »Sie sind zwischen alle Fronten geraten, und es geht ihnen dementsprechend schlecht«, berichtet Kardinal Meisner und bedauert: »Leider ist dies bei uns kaum bekannt.« Was auch viele gar nicht wüssten: Der Verein vom Heiligen Lande engagiere sich stellvertretend oder im Auftrag aller deutschen Katholiken nun schon seit mehr als 150 Jahren für diese Christen. Es würden Gotteshäuser, Krankenhäuser, Schulen

Er kennt jede Pflanze des Gartens. »Sehen Sie, der Bonsai erholt sich wieder. Der Draht soll ihn nur vor den Enten schützen.«

und Siedlungen gebaut, und man versuche auch, Arbeit und Unterhalt zu garantieren. Doch das sei sehr schwer, und viele fänden trotz guter Schulbildung keine adäquate Betätigung und seien gezwungen, auszuwandern. So sei die Zahl der Christen dort schon sehr klein geworden. Von den sieben Millionen Einwohnern Israels machten sie nur noch lediglich 2,1 Prozent aus.

»Wir sind verpflichtet, den Christen im Heiligen Land den Rücken zu stärken«, ermahnt der Kardinal seine Zuhörer. Der Besuch der Deutschen Bischofskonferenz sei daher ganz wichtig gewesen. Wie überhaupt jeder Besuch dort für die Christen eine Ermunterung sei. Er vermittle ihnen das Gefühl, dass die übrige Welt sie nicht vergessen habe. Außerdem sei solch ein Aufenthalt im Heiligen Land auch spirituell eine große Bereicherung für jeden: »Die Worte und Gleichnisse Jesu werden erst dann in ihrer ganzen Inhaltsfülle gegenwärtig, wenn ich sie im Kontext seiner Heimat meditiere.«

Danach sind seine Zuhörer an der Reihe, ihm Fragen zu stellen. Das Interesse ist groß, und als er den Abend schließlich beendet und aufbricht, wollen ihn viele gar nicht gehen lassen. Aber Roman Dolecki hat den Wagen bereits vorgefahren. Heute ist es besonders spät geworden.

Baubeginn vor 760 Jahren – doch fertig ist der Dom bis heute nicht

Das Erzbistum Köln ist viel älter als sein Dom. Niemand weiß, wann genau es gegründet wurde. Die Historiker können nur belegen, dass es im 4. Jahrhundert bereits bestand. Zu diesem Zeitpunkt feierten Kölner Christen wahrscheinlich in einem Privathaus die Eucharistie. Erst im 5. Jahrhundert – so viel ist gewiss – gab es auf dem heutigen Gelände des Domes eine große Kirchenanlage, die im 9. Jahrhundert einer karolingischen Kathedrale weichen musste. Die allerdings wurde später abgebrochen, damit im Jahre 1248 mit dem Bau des gotischen Domes begonnen werden konnte. Doch bis zu seiner endgültigen Fertigstellung sollten noch Jahrhunderte vergehen.

Im Jahre 1300 wird zunächst der Hochchor vollendet. Mehr als 100 Jahre später erhält der Südturm sein zweites Geschoss. Die farbigen

Das ist sie, die berühmte alte Bischofskirche der Kölner Erzbischöfe, der Kölner Dom – von der anderen Rheinseite her gesehen.

So viele junge Menschen sind selten im Dom – es sei denn, es ist Weltjugendtag in Köln oder ein Treffen der Pueri Cantores.

Fenster werden wiederum 100 Jahre später eingesetzt. Und im Jahr 1560 wird die Bautätigkeit gänzlich eingestellt. Fast 300 Jahre dauert es, bis Friedrich Wilhelm IV. zum König von Preußen gekrönt wird und den Weiterbau ermöglicht. 1842 legt der König gemeinsam mit dem Kölner Erzbischof von Geissel den Grundstein zur Aufnahme der letzten Bauphase. Endlich, im Jahre 1880, ist der Dom vollendet, und Kaiser Wilhelm I. ist bei den Einweihungsfeierlichkeiten dabei. Der Kölner Erzbischof Paulus Kardinal Melchers allerdings fehlt, denn er befindet sich in der Verbannung.

Viele Kölner können sich noch erinnern, wie in den Kriegsjahren von 1942 bis 1945 Bomben und Luftminen auch den Dom treffen, sodass insgesamt 13 Gewölbe einstürzen. Zum Glück waren die mittelalterlichen Scheiben der Fenster und auch viele Fenster des 19. Jahrhunderts ausgebaut und rechtzeitig in Sicherheit gebracht worden. Die Kriegsschäden sind inzwischen beseitigt. Das, was derzeit dem Gemäuer des Domes zu schaffen macht, ist die Luftverschmutzung, sodass der Dombauhütte die Arbeit nicht ausgeht. So sind die Kölner fest überzeugt, dass – sollte der Dom jemals fertig gestellt sein – die Welt untergeht.

Von Maternus bis Joachim

Bischöfe, die bisher das Erzbistum geprägt haben

Aus der »Ahnenreihe« der Kölner Erzbischöfe: Johannes von Geissel, der erste Kölner Kardinal.

Seit wann es Bischöfe am Rhein gibt, ist ebenso wenig belegt wie das Alter des Kölner Erzbistums. Es ist anzunehmen, sagen die Kirchenhistoriker, dass es auch schon zu frühen Zeiten Bischöfe am Rhein gegeben hat, die den um das Jahr 180 in Niedergermanien erwähnten Christen vorgestanden haben, und deren Sitz nur in Köln gewesen sein kann. Der erste Name auf der langen Kölner Bischofsliste ist

Maternus. Er wird in den Jahren 313 und 314 erwähnt, da er an den Synoden von Rom und Arles teilnahm. Die Legende berichtet, er sei ein Schüler des heiligen Petrus gewesen. In Wirklichkeit aber leitete er die Kirche von Köln erst zu Zeiten Kaiser Konstantins.

Ihm folgen u. a. berühmte Namen wie:

Severinus (um 397). Er soll der Überlieferung nach durch himmlische Zeichen vom Tode des hl. Martin (11. November 397) erfahren haben.

Evergislus (um 590). Er soll durch Staub aus dem Brunnen von St. Gereon von Kopfschmerzen geheilt worden sein.

Kunibert (ca. 627 bis nach 648). Er gilt als der bedeutendste Bischof zwischen Severinus und Hildebold und war Ratgeber des Königs Dagobert I. und Pippins des Älteren.

Hildebold (Bischof von 784–787, Erzbischof von 799–818). Er war geistlicher Berater Karls des Großen.

Bruno I. (Erzbischof von 953–965) Bruder Kaiser Ottos des Großen. Er erweiterte den Alten Dom um ein Seitenschiff auf jeder Seite, brachte den Petrusstab und die Petruskette nach Köln und gründete die Abtei St. Pantaleon. Gleichzeitig war er Herzog von Lothringen und damit der erste Kölner Erzbischof, der weltliche und geistliche Gewalt gleichermaßen innehatte. Bis 1801 blieben die Kölner Erzbischöfe auch weltliche Regenten.

Gero (Erzbischof von 969–976). Er stiftete das berühmte Gero-Kreuz. Es ist das älteste erhaltene Großkruzifix in Europa nördlich der Alpen und stammt aus der ottonischen Zeit zum Ende des 10. Jahrhunderts. Der Erlöser, der zuvor gerne als heldenhaft und siegreich gezeigt wurde, ist hier als leidend und menschlich dargestellt. Die Skulptur gilt als Vorbild für viele Christus-Darstellungen des Mittelalters. Denn sie zeigt Christus, den Sohn Gottes, der soeben gestorben ist. Dieser Augenblick ist aus christlicher Sicht der entscheidende Wendepunkt in der gesamten Weltgeschichte. Von nun an lebt der Mensch im Zeitalter der Gnade, das durch Christi Tod begonnen hat.

BISCHÖFE, DIE BISHER DAS ERZBISTUM GEPRÄGT HABEN

Heribert (Erzbischof von 999–1021). Er erbaute die Pfalzkapelle am Kölner Dom.

Reinald von Dassel (Erzbischof von 1159–1167). Er war Reichskanzler unter Friedrich Barbarossa und brachte 1164 die Gebeine der Heiligen Drei Könige als Kriegsbeute von Mailand nach Köln. Damit war Köln – neben Santiago de Compostela, Rom und Aachen – einer der größten Wallfahrtsorte der Christenheit.

Engelbert I. von Berg (Erzbischof von 1215–1225). Unter ihm kamen die Franziskaner nach Köln. Er wurde von einem Verwandten ermordet, weil er dessen Übergriffe auf kirchliches Gut verhindern wollte.

Konrad von Hochstaden (Erzbischof von 1238–1261). Er legte am 15. August 1248 den Grundstein zum gotischen Dom in Köln und 1255 zur Zisterzienser-Abteikirche in Altenberg. Er war einer der bedeutendsten Politiker auf dem erzbischöflichen Thron.

Ferdinand von Bayern (Erzbischof von 1612–1650). Er gründete 1615 das Priesterseminar.

Auch er ist einer der Vorgänger von Kardinal Meisner: Erzbischof Karl Josef Kardinal Schulte.

Clemens August I. von Bayern (Erzbischof von 1723–1761). Er erbaute u.a. in Brühl die Schlösser Augustusburg und Falkenlust.

Johannes Kardinal von Geissel (Erzbischof von 1845–1864). Er legte zusammen mit König Friedrich Wilhelm von Preußen 1842 den Grundstein zum Weiterbau des Kölner Domes und war der erste in der Reihe der Kölner Erzbischöfe, der zum Kardinal ernannt wurde.

Karl Joseph Kardinal Schulte (Erzbischof von 1920–1941). Unter ihm wurde 1930 das Bistum Aachen vom Erzbistum Köln abgetrennt, um es überschaubarer zu machen. Während des Dritten Reiches gründete er eine Abwehrstelle gegen anti-christliche Propaganda.

Josef Kardinal Frings (Erzbischof von 1942–1969). Er wandte sich mutig gegen das nationalsozialistische Unrecht, und nach Kriegsende setzte er sich mit aller Kraft für die leidende Bevölkerung – vor allem auch für die Heimatvertriebenen – ein. Das von ihm veranstaltete Fest zur 700-Jahr-Feier der Grundsteinlegung des Domes im Jahre 1948 wurde zum ersten großen Fest Deutschlands nach dem Krieg. Beim 2. Vatikanischen Konzil gehörte er zu den führenden Gestalten der Weltkirche.

Joseph Kardinal Höffner (Erzbischof von 1969–1987). Er ist einer der Begründer der Christlichen Gesellschaftslehre als Wissenschaft und war wissenschaftlicher und erster geistlicher Berater des 1949 gegründeten Bundes Katholischer Unternehmer.

Geheimnisvolle goldene Holzstäbe

Wer nun an einem 12. Februar den Kölner Dom besucht, ob zum Beten oder als Tourist zum Schauen, der wird, wenn er ein bisschen Glück hat, Zeuge eines uralten Brauches werden. Er kann einen der Küster beobachten, der mit wichtiger Miene – mit einer Leiter unter dem Arm und einem goldlackierten Holzstab in der Hand – in Richtung Schmuckmadonna geht und auf den Eingang zur Domschatzkammer zusteuert. Der erstaunte Beobachter wird dann sehen, wie der Küster vorsichtig eine Leiter anlegt, die 28 Tritte hinaufklettert und feierlichst den goldenen Stab zu den anderen dort aufgehängten goldenen Stäben hinzufügt.

Was das zu bedeuten hat? Eine kleine Holztafel, die darunter hängt, verrät es in lateinischer Sprache: »Quot pendere vides baculos; tot episcopus annos huic agrippinae praefuit ecclesiae«. Wer in Latein nicht so geübt ist, darf sich den Spruch ungefähr übersetzen las-

Küster Müller fügt für Kardinal Meisner einen goldenen Stab hinzu: Für jedes Jahr als Erzbischof in Köln.

Die Erklärung der goldenen Stäbe in lateinischer Sprache.

sen: Wie viele Stäbe du hier hängen siehst, so viele Jahre regiert der Bischof von Köln.

Niemand weiß, woher diese Tradition stammt und wie lange es sie schon gibt. Selbst Historiker, die bereits jeden Stein des Domes nach Geschichte und Bedeutung umgedreht haben, sind bisher noch nicht dahinter gekommen. Allerdings haben sie herausgefunden, dass der Brauch bereits im Jahre 1587 praktiziert wurde, denn in den Reisebeschreibungen des Utrechters Arnoldus Buchelius, der sich damals für einige Wochen in Köln aufhielt, konnten sie nachlesen: »Ich sah auch hier Stäbe aufgehängt, die die Jahre des Erzbischofs anzeigen. Nach alter Sitte werden Jahr für Jahr die Stäbe von einem Chorknaben aufgehängt, dem auf Lebenszeit sein Bedarf an Brot und Wein vom Erzbischof gestellt wird. Diese Stäbe zeigen an, wie viele Jahre der Bischof regiert hat; bei seinem Tode werden sie alle entfernt.« Brot und Wein auf Lebenszeit für die Pflege dieses Brauches sind allerdings tariflich nicht mehr vorgesehen. Vielleicht spendiert ja der Erzbischof stattdessen ein Kölsch.

Auch in einem 1645 erschienenen Buch von Aegidius Gelenius mit dem Titel: »De admiranda sacra et civili magnitudine Coloniae Claudiae Agripinensis augustae Ubiorum urbis« (Über die wunderbare Größe Kölns) wird der Brauch erwähnt. Es ist sogar von 33 Stäben die Rede – für die Amtszeit Ferdinands von Bayern. Da der jetzige Kardinal sich guter Gesundheit erfreut, und falls ihn der Papst nicht vorher in Pension schickt, könnte er ja versuchen, diesen Rekord zu brechen.

Wer aber nun annimmt, der Dom gehöre dem Kölner Erzbischof, der irrt. Der Erzbischof ist nicht einmal der Hausherr. Er ist nur Gast in seiner Kathedrale, seiner Bischofskirche. Hausherr ist der Dompropst. Aber auch ihm gehört der Dom nicht, er übt nur das Hausrecht aus. Da die Rechtsverhältnisse sehr kompliziert sind, unterrichtet man sich am besten bei einem, der sie haargenau kennt. Es ist der Kölner Kirchenhistoriker Prof. Norbert Trippen, der darüber wissenschaftliche Abhandlungen geschrieben hat. Begnügen wir uns hier mit der kurzen Formel: Der Dom gehört sich selbst. Das Domkapitel verwaltet und erhält den Dom und fungiert als Repräsentant der Hohen Domkirche zu Köln. Die Hohe Domkirche selbst ist Eigentümerin des Domkirchengebäudes. Doch da sie aus Stein ist und nicht handeln kann, handelt das Domkapitel, und für das Domkapitel der Dompropst. Bisher hat das auch immer gut geklappt.

Die Kathedra – Zeichen der Hirtengewalt

Im Dom, und zwar im Altarraum links, steht die Kathedra, nach der die Kathedrale ihren Namen hat. Sie ist Zeichen des Lehramtes des Bischofs, der Hirtengewalt im Sinn des Leitens und Führens der Gläubigen und der Sitz, von dem aus der Bischof die Liturgie leitet und das Wort Gottes verkündet. Sie symbolisiert die Einheit mit der Kathedra des Papstes in Rom. Auch der heilige Augustinus habe seine »sermones« von der Kathedra aus gehalten, heißt es.

Laien würden die Kathedra als besonders kostbaren Lehnstuhl bezeichnen. Die Kathedra im Kölner Dom ist aus Kirschbaum geschnitzt, nur sehr sparsam verziert und vor einem mächtigen Pfeiler aufgestellt. Über ihr hängt das Wappen des Erzbischofs, also jetzt das Wappen Kardinal Meisners.

Früher stand die Kathedra höher als die Priestersitze, die zu ihren beiden Seiten aufgereiht sind. Häufig war sie sogar wie ein Fürstenthron aufgebaut und mit Stufen, Baldachin und mit kostbaren Stoffen ausgekleidet. Doch heutzutage ist das anders. Sie steht nicht mehr höher, bleibt aber nach wie vor dem regierenden Ortsbischof vorbehalten. Nur in Ausnahmefällen räumt der Bischof seinen angestammten Sitz. So wie vor einiger Zeit, als der Vorsitzende der Deutschen Bischofskonferenz im Dom als Hauptzelebrant zu Gast war. Dann überlässt der Ortsbischof natürlich ihm den besonderen Platz.

Für Kardinal Meisner ist die Kathedra des heiligen Petrus und des Bischofs »Garant der Wahrheit des Glaubens, nicht der Katheder des Professors. Würde die Kirche davon abgehen, gäbe sie sich selber auf, und das Wort Gottes wäre dem Wirrwarr der Deutungen und Deuter preisgegeben.«

Die Kathedra ist heute für den Gast, Kardinal Lehmann, dem Vorsitzendem der deutschen Bischofskonferenz, freigehalten.

FREITAG

Auch ein Kardinal muss »sitzen«: Denken – planen – entscheiden

Heute ist Sitzungstag. Nach der Morgenmesse und dem Frühstück lässt sich der Kardinal nur selten sehen. Er vergräbt sich hinter Papierbergen. Derweil geht es im Erzbischöflichen Haus zu wie im Taubenschlag. Denn nach und nach kommen die Konferenzteilnehmer an. Sie finden sich regelmäßig am Freitag beim Kardinal ein, um hinter verschlossenen Türen Zukunftsweisendes zu besprechen. Heute tagt der Geistliche Rat. Ihm gehören die drei aktiven Kölner Weihbischöfe, der Generalvikar sowie die geistlichen Mitarbeiter des Generalvikariats an, die als Hauptabteilungsleiter Verantwortung tragen. Personalfragen werden besprochen und entschieden, Versetzungen diskutiert, Schwierigkeiten erörtert, Ideen aufgegriffen oder wieder verworfen.

Unvergesslich: Im Jahr 1998 – nach dem Festgottesdienst zum Domjubiläum zieht die mitzelebrierende Geistlichkeit in feierlicher Prozession aus dem Dom, umringt von tausenden Gläubigen.

Tagungen und Konferenzen gehören immer wieder zum Wochenprogramm des Kardinals – seine Meinung ist gefragt und wird gehört.

Einmal im Monat tagt freitags der Erzbischöfliche Rat. Das sind – im Gegensatz zum Geistlichen Rat – alle Hauptabteilungsleiter im Generalvikariat. Hier sitzen also Priester und Laien zur Beratung zusammen. Bei ihnen geht es um praktische Dinge wie die Zusammenlegung von Pfarreien oder Dekanaten, um Hilfe in der Seelsorge und immer auch um aktuelle Fragen, die die Zukunft der Diözese betreffen. Der Kardinal hört sich alles an, lässt sich informieren und beraten, entscheidet aber letztlich allein. Dies ist nicht nur in Köln so, sondern überall in den zahlreichen Diözesen der katholischen Kirche.

Kaum haben die Herren das Haus wieder verlassen, trifft die nächste Gruppe ein. Das freitägliche Pressegespräch steht an. Daran nehmen die Medien-»Insider« wie der Pressesprecher des Erzbistums und Chefredakteur der Kirchenzeitung, der Chef des Domradios und der Rundfunkbeauftragte des Erzbistums teil. Es geht jedes Mal um aktuelle Themen, heute um »Ehe und Familie«. Wie können wir unsere Vorschläge, Projekte und Ideen wirksam in die Öffentlichkeit bringen? Wie publizieren wir klar verständlich, was wir unter einem christlichen Familienbild verstehen, dass das Ja zu Kindern nicht mit Geld zu kaufen ist? Wie können wir den Menschen deutlich machen, wie wichtig es ist, dass Kinder in einer intakten Familie aufwachsen, dass sie Vater und Mutter brauchen, dass zu einer gesunden seelischen Entwicklung auch der Glaube gehört? Wie kommunizieren wir mit einer Öffentlichkeit, die zum großen Teil von christlichen Wertvorstellungen nichts mehr weiß? Wie verhindern wir, dass wir aneinander vorbeireden?

Ein intensiver Vormittag

Der Kardinal hört aufmerksam zu, er fragt, regt an, stimmt zu und widerspricht. Von Zeit zu Zeit nippt er an einem Glas Wasser und lehnt sich im Stuhl zurück. Konzentriert verfolgt er, was die einzelnen Gesprächsteilnehmer vortragen. Jeder spürt: Das Thema »Familie« ist ihm besonders wichtig. Nach einer guten Stunde beschließen der Erzbischof und seine Berater, für das nächste Mal konkrete Vorschläge zu machen. Die Kirche will bei Fragen, die die Menschen unmittelbar angehen, ihre Stimme laut und deutlich erheben. Das bedeu-

Ein Dankeschön für alte Priester und Ordensleute: ein Schiffsausflug auf dem Rhein – natürlich mit dem Kardinal.

tet aber auch, dass alles gut und sorgfältig vorbereitet sein muss. Daher legt der Kardinal großen Wert auf diese Zusammenkünfte, auch, wenn Konferenzen nicht gerade seine Lieblingstätigkeit sind. Aber es ist wie es ist, und ein intensiver Vormittag hat mit dieser Besprechung nun sein Ende gefunden. Auf den Kardinal und seinen Sekretär wartet ein fleischloses Mittagessen. Spinat gehört zu den bevorzugten Freitagsspeisen.

Sitzungen und Tagungen machen einen großen Teil der kirchlichen Arbeit aus. Zum Leidwesen vieler Seelsorger, die lieber ihre Zeit mit den Menschen in ihrer Gemeinde verbringen würden. Einem Kardinal geht es nicht anders. Auch er wäre gern mehr mit den Menschen direkt in Kontakt, würde lieber mit ihnen Eucharistie feiern oder in ein seelsorgliches Gespräch kommen, statt am Schreibtisch oder in Konferenzen zu sitzen. »Ich spende besonders gern das Sakrament der Firmung und das Bußsakrament«, sagt Kardinal Meisner, wenn man ihn nach seinen Lieblingsaufgaben fragt. Doch allzu oft warten andere wichtige Aufgaben auf ihn.

Zum Papst nach Rom

Denn gar nicht so selten kommen zum wöchentlichen Sitzungs-Programm Pflichten hinzu, die regelrecht »aus der Reihe tanzen«, und auf die es gilt, sich sorgfältig und gut überlegt vorzubereiten. So zum Beispiel steht alle fünf Jahre ein Ad-limina-Besuch in Rom an. Seit rund 400 Jahren sieht das Kirchenrecht vor, dass der Papst jeden Bischof der Katholischen Kirche zu einem persönlichen Gespräch einlädt. Vorher muss dieser einen Bericht nach Rom schicken, in dem er über die Situation in seiner Diözese ausführlich informiert. Jeder Kardinal und jeder Bischof kann dabei an höchster Stelle melden, wo der Schuh drückt. Und da sie nun schon mal in Rom sind, nutzen die meisten neben dem persönlichen Gespräch mit dem Heiligen Vater die Gelegenheit zu einer Stippvisite bei den verschiedenen Kongregationen und Räten der Römischen Kurie. Die Bischöfe, die jeweils in größeren Gruppen oder sogar als gesamte Bischofskonferenz in die Ewige Stadt reisen, sind allein damit fast eine ganze Woche ausgebucht. Schließlich haben die Themen, die es zu besprechen gilt, zukunftsweisenden Charakter für die gesamte katholische Kirche. Es geht dann zum Beispiel um den Priesternachwuchs, um die Glaubensverkündigung, um die Ökumene und um vieles andere mehr.

Zwar dienen diese Treffen natürlich in erster Linie dem Austausch. Aber sie haben auch den Charakter einer Wallfahrt. So wird zum Beispiel am Petrusgrab gemeinsam die heilige Messe gefeiert, ebenso in Sankt Paul vor den Mauern am Grab

1998 spricht Papst Johannes Paul II. die Karmelitin Edith Stein in Rom heilig.

des heiligen Paulus. Dies macht deutlich, dass die Bischöfe durch die Weihe in die Apostolische Sukzession, das heißt: in den apostolischen Ursprung der Kirche, hineingeweiht sind. Auf diese Weise wird – so Kardinal Meisner – der Ursprung vergegenwärtigt, damit die Kirche ursprünglich, frisch und kreativ bleibt.

Für Kardinal Meisner sind solche Ad-limina-Besuche immer eine willkommene Erfrischung – jedenfalls drängt sich der Eindruck auf, wenn er gesteht: »Ich kehre von diesen Treffen jedes Mal mit viel Zuversicht und Freude nach Hause zurück. Wir sind ja gern versucht, uns für den Nabel der Welt zu halten, auch für den Nabel der Weltkirche. Aber dieser Irrtum wird schnell korrigiert. Denn wir stellen fest: gemessen an den Sorgen und Anliegen der Weltkirche sind unsere eigenen geradezu klein. Außerdem hören wir wieder einmal, was sich außerhalb unseres eigenen Landes alles tut, und so nehmen wir obendrein von diesen Rom-Aufenthalten viele positive Anregungen und Erfahrungen mit.«

Ad limina kommt übrigens aus dem Lateinischen »visitatio ad limina apostolorum«. Übersetzt bedeutet dies: »Besuch an der (Tür)schwelle der Apostel«; der Grabeskirchen der Apostel Petrus und Paulus. Am Nachmittag empfängt der Kardinal weitere Besucher zu Einzelgesprächen. Gegen 17 Uhr verlässt heute der letzte Gast das Erzbischöfliche Haus. Ewa Dolecki räumt den Tisch im Konferenzsaal ab, sammelt Kaffeekannen, Tassen, Teller und Gläser ein und verschwindet in der benachbarten Küche. »Gibt es noch etwas Wichtiges?«, erkundigt sich Gisela Thörnig, denn sie hätte eigentlich längst Feierabend. Nur Pfarrer Boss sitzt noch an seinem Schreibtisch. Er nutzt die Ruhe nach dem Trubel, um ein paar Termine für die nächste Woche zu klären.

Der Kardinal hat sich für einen Augenblick in die Kapelle zurückgezogen, um den Tag – wie er es nennt – vor seinem geistigen Auge und vor Gott noch einmal zu bedenken. Heute Abend wartet keine auswärtige Pflicht mehr. Das ist eine Seltenheit, und ich nutze die Gelegenheit, ihn zwischen Feierabend und Abendbrot über seine Zeit als Kardinal in Köln zu befragen. Immerhin sind es bereits rund zwei Jahrzehnte.

INTERVIEW
Auch in Köln: Die Kirche ist jung und dynamisch

Herr Kardinal, was waren für Sie in Ihrer Kölner Zeit bisher die Höhepunkte?

Da fallen mir gleich drei ein, die ein Fest des Glaubens waren und jeweils auf ihre Weise überwältigend bezeugt haben, wie sehr der christliche Glaube lebendig ist und begeistern kann. Der erste Höhepunkt war für mich das Domjubiläum im Jahr 1998 mit allen seinen Feierlichkeiten. Danach war es 2004 das Welttreffen der »Pueri Cantores«, der katholischen Kinder- und Jugendchöre aus der ganzen Welt in Köln, die mit ihrem musikalischen Lobpreis Gottes die Menschen wie ein Magnet angezogen haben. Und dann natürlich ein Jahr später der Weltjugendtag, der ein Zeugnis davon abgelegt hat, dass die Kirche jung und dynamisch ist, und dass es durchaus nicht antiquiert sein muss, seinen Glauben zu bekennen. Wenn ich nur daran denke, wie viele junge Menschen in diesen Tagen zur Beichte gegangen

Für viele ein unvergessliches Erlebnis: Das Pontifikalamt auf dem Roncalliplatz anlässlich des Treffens der Pueri Cantores 2004.

Der Weltjugendtag in Köln war in jeder Hinsicht ein Ereignis der Sonderklasse.

Für Kardinal Meisner ein Höhepunkt seiner Zeit in Köln: Der Weltjugendtag mit begeisterten jungen Leuten aus aller Welt.

sind und welche Strapazen sie auf sich genommen haben, um mit dem Papst auf dem Marienfeld die Eucharistie zu feiern. Ja, das alles waren unauslöschliche Momente und für Köln und die Kirche bedeutsame Tage.

Waren Sie erleichtert, dass der Weltjugendtag so reibungslos verlief, und dass nichts Schlimmes passierte?

Ich habe acht Tage vorher der Mutter Gottes in der Kupfergasse eine Kerze gebracht und ihr die Regie übertragen. Ich habe ihr gesagt: Mutter Gottes, die Verantwortung trägst Du, denn ich will den Weltjugendtag nicht erleiden, sondern ich will ihn genießen.

Und Sie haben ihn genossen. Viele haben sich gewundert, wie locker und beschwingt Sie wirkten.

Ja, es waren für mich ganz besonders schöne Tage.

DIE KIRCHE IST JUNG UND DYNAMISCH | INTERVIEW

Papst Benedikt ließ es sich nicht nehmen, mit prominenten Pilgern unter dem Schrein der Heiligen Drei Könige hindurchzugehen.

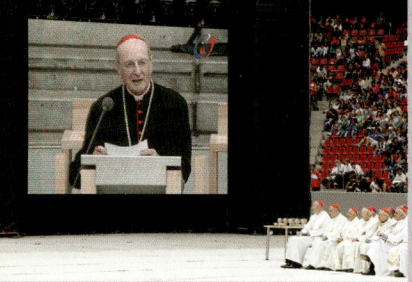

Eröffnungsfeier des Weltjugendtags im Kölner Stadion.

Abgesehen von diesen glanzvollen Höhepunkten – was haben Sie als Erzbischof von Köln für die Zukunft vor?

Es ist mein großes Anliegen, Priester- und Ordensberufungen zu wecken. Ich möchte, dass in unseren Gemeinden eine Atmosphäre entsteht, in der junge Menschen befähigt werden, in die Nachfolge Jesu einzutreten, um frei zu sein für die Angelegenheiten Gottes in dieser Welt. Dazu braucht es gute ehrenamtliche Mitarbeiter, engagierte Pfarrgemeinderäte, die erkennen, dass das Wichtigste ihrer Aufgabe nicht die Strukturen sind, sondern dass wir Menschen bewegen, sich auf die Christusfreundschaft einzulassen und damit aufbrechen zur Mission in ihrer Nachbarschaft. Dies gelingt, wenn Gott für sie eine Faszination ist, die sie mit Freude und Glück erfüllt. Denn wes das Herz voll ist, des geht der Mund über.

Papstbegeisterung auf dem Marienfeld – gerne gibt auch der Kardinal Autogramme auf Gipsbeine.

Und wie wollen Sie dies erreichen?

Wir müssen Glaubenswissen vermitteln. Ich weiß, dass Gottes Möglichkeiten unbegrenzt sind. Bei Gott ist nichts unmöglich. Der Herr sagt: Bittet den Herrn der Ernte, dass er Arbeiter in seine Ernte sende. Der Papst kennt auch keinen anderen Weg. Wie sagte er doch in Freising zu den versammelten Priestern? »Betet: Herr, mach nun wirklich wahr, was du uns versprochen hast. Lass uns nicht im Stich.« – Ich habe die Gebetsgemeinschaft »Rogamus« ins Leben gerufen. Sie hat 2000 Mitglieder, die jeden Tag für dieses Anliegen beten. Denn »Rogamus« heißt: »Wir bitten«.

Sie wollen, dass sich die katholische Kirche mehr für die Ehe und die Familie einsetzt und das Bewusstsein stärkt, welches Glück es bedeutet, Kinder zu haben. Wie soll das geschehen?

Es ist notwendig, dass in unseren Gemeinden dafür eine entsprechende Atmosphäre entsteht. Dazu rufe ich jeden auf, mitzuhelfen. Die Frage nach Kindern ist nicht mit Geld zu lösen. Es geht darum, dass Menschen die Logik der Liebe begreifen. Wer sich verliert, gewinnt, wer sich schenkt, der empfängt. Früher haben es die Menschen als größtes Glück betrachtet, wenn einer ihrer Söhne Priester oder Ordensmann wurde. Das versteht aber nur jemand, für den Gott wirklich das Höchste und Größte ist. Aber leider wird heute die ewige Glückseligkeit verwechselt mit

Ein Schnappschuss, der beim Besuch in Breslau entstand: Der Kardinal im Gespräch mit kritischen – oder andächtigen – Damen.

irdischem Wohlergehen. Gesundheit wünscht man sich zum Geburtstag. Sie ist ein hoher Wert, aber nicht das Höchste. So bekommt das ganze Gesundheitswesen eine metaphysische Bedeutung, fast wie eine Kirche. Hier liegt der Grund für Ärzteüberschuss und Priestermangel. Die Dimension der Ewigkeit ist verloren gegangen. Es zählt halt nur das Irdische. Und für das Irdische braucht man keinen Priester. Der kann höchstens mal gerufen werden, wenn die irdischen Versprechen nicht mehr halten. Man kann sagen: Wenn eine Gesellschaft die Dimension der Ewigkeit verliert, verkommt sie.

Tanzen mit den Gästen der Pueri Cantores – auch der Kardinal lässt sich von der Fröhlichkeit anstecken und tanzt mit.

Welche Rolle sehen Sie für die Frau in der Kirche?

Sie hat eine sehr große Rolle. Frauen arbeiten in der Verkündigung mit, sie sind in den Kindergärten, in den Schulen tätig. Wir haben hier in Köln eine Dombaumeisterin. Wir brauchen die Frauen für viele wichtige Aufgaben. Das Ideal der Kirche ist der Heilige, die Heilige, nicht der Priester.

Auch die Katholische Kirche ist in den letzten Jahrzehnten geschrumpft. Viele Mitglieder haben ihr den Rücken gekehrt. Was ist zu tun, um diese Entwicklung wieder umzukehren?

Wir müssen unbeirrt weitermachen. Wir müssen alles tun, was in unseren Kräften steht, so, als ob es von uns allein abhängt. Aber es hängt nicht von uns ab. In den vergangenen Jahrhunderten gab es auch schon Abspaltungen, und manche prophezeiten schon, dies sei das Ende. Aber die Kirche hat nicht nur überlebt, sie lebt und wird weiter leben, so wie es Jesus gesagt hat: Die Mächte der Unterwelt werden sie nicht überwältigen.

Welche Weichen haben Sie Ihrer Meinung nach in den vergangenen Jahren für das Erzbistum stellen können?

Ich denke wenig über die Vergangenheit nach, sondern ich stelle mich der Gegenwart und der Zukunft, und ich hoffe, dass das eine oder andere von bleibendem Wert ist. Es gibt nicht wenige im Erzbistum, die behaupten, ich hätte Kirchengeschichte geschrieben, indem ich letztlich den Anstoß gegeben habe zum Austritt aus der Schwangerschaftskonfliktberatung. Damals galt doch nach langem Hin und Her und nach mühsamen Diskussionen, dass die katholische Kirche in der Beratung bleibt und auf den umstrittenen Schein einen Stempel setzt mit dem Hinweis: Dieser Schein darf nicht zur Abtreibung verwendet werden. Doch die Praxis zeigte, dass der Schein trotzdem zur Abtreibung verwendet wurde, weil der Staat den Hinweis ignorierte. Da der Papst den Brief mit seiner Weisung jedem Bischof persönlich geschickt hatte, habe ich ihm daraufhin zurückgeschrieben und gefragt, ob es in seiner Intention liege, dass der Staat den Schein so behandle, als sei kein Stempel darauf. Da war die Antwort des Papstes eindeutig »Nein«.

Und wie war die Reaktion darauf in Ihrer Umgebung?

Sie war schrecklich. In der Bischofskonferenz, in der Diözese, im Diözesanrat und in der Presse. Das hängt mir heute noch an.

Wie gehen Sie mit solchen Reaktionen um? Können Sie dann schlafen?

Wenn ich angegriffen werde, kann ich gut schlafen. Obwohl mir manches durchaus weh tut. Aber wenn ich aus Feigheit schweigen würde, dann könnte ich nicht schlafen.

Was tun Sie, wenn Sie sich ärgern?

Dann gehe ich in den Garten und bete ein paar Gesätze vom Rosenkranz. Es ist wie bei einem Teich, wenn das Wasser aufgewühlt ist. Erst, wenn es ruhiger geworden ist, kommt die Klarheit zurück.

Haben Sie Einfluss auf die Politik?

Ich war fünf Jahre Weihbischof in Erfurt und neun Jahre Bischof in Berlin, das heißt in Ost- und West-Berlin. Aber ich bin nie von Politikern nach meinen Erfahrungen gefragt worden. Allerdings wollte ich auch nie Politik machen, denn ich habe das Evangelium zu verkünden. Mir ist natürlich klar, dass allein schon das Verhalten in der Kirche Politik ist. Wenn jedoch die Gesellschaft die Bezeichnung

Zu vielen Anlässen kann Kardinal Meisner prominente Gäste aus der Politik in seiner Bischofskirche, dem Kölner Dom, begrüßen.

»christlich« benutzt, lege ich Wert darauf, dass sie redlich und anständig gebraucht wird. Das heißt: wo christlich draufsteht, muss auch christlich drin sein. Wenn das nicht gegeben ist, bedeutet es Etikettenschwindel. Wir müssen das Wort »christlich« vor der Entwertung schützen.

Wie war das damals, als die Entscheidung fiel, dass Sie als Bischof von Berlin nach Köln zu wechseln hatten?

Das war am 20. Dezember 1988. Nachdem ich die Nachricht erhal-

Ein Ereignis, das inzwischen rund 20 Jahre her ist: Freudig und neugierig begrüßen die Kölner ihren neuen Erzbischof.

Natürlich darf »der Neue aus Berlin«, der fortan auf dem Kölner Bischofsstuhl sitzt, beim Rosenmontagszug nicht fehlen.

Herr Kardinal, Sie wollten nicht nach Köln. Sie haben sich dem Willen des Papstes gebeugt. Aber auch die Kölner wollten Sie nicht. Waren Sie trotzdem überzeugt, dass Ihr Wechsel von Berlin nach Köln das Richtige ist?

Ich wusste: ich hatte alles getan, um in Berlin bleiben zu können. Denn schließlich hatte ich den Leuten doch immer gepredigt, nicht nach dem Westen abzuwandern, sondern auch unter erschwerten Bedingungen auszuhalten. Als ich dann trotzdem gehen musste, dachte ich an das Wort, das Jesus zu Petrus einmal sagte: Als du noch jung warst, hast du dich selbst gegürtet und konntest gehen, wohin du wolltest. Wenn du aber alt geworden bist, wirst du deine Hände ausstrecken, und ein anderer wird dich gürten und dich führen, wohin du nicht willst. Das hat mir meine Ruhe gegeben. Ich musste auch an meine Mutter denken, der ich zu einem runden Geburtstag dieses Bibelwort einmal sagte. Denn auch sie hatte in ihrer Jugend ein gutes Leben. Und nach der Vertreibung aus Schlesien musste sie versuchen, mit ihren vier Jungs in Körner in Thüringen zu überleben. Manches Mal sah ich sie in der Waschküche, als sie mit Hilfe einer alten, kaum funktionierenden Waschmaschine für die Familie die Wäsche wusch. Die Arbeit ging ihr

ten hatte, habe ich eine Pressekonferenz gegeben. Ich weiß noch: Mikrofone wurden vor mir aufgebaut, und viele Journalisten waren da. Aber ich hatte so viel zu tun, dass ich mich nicht lange mit meiner Ernennung und den Begleitumständen aufhalten konnte. Um diese Zeit vor Weihnachten gehörte es zu meinen Gepflogenheiten, dass ich in Berlin immer die Krankenhäuser besuchte und von Bett zu Bett ging, weil ich jeden Patienten persönlich ansprechen wollte. Auch nach der Pressekonferenz bin ich gleich wieder zurück, um meine Krankenbesuche fortzusetzen. Innerlich war ich ganz ruhig.

1. Besuch in Köln, 7. Januar 1989: Wie komme ich wohl bei den Kölner Katholiken an? mag er sich gefragt haben.

oft über die Kräfte. Also, ich fühlte mich damals auch wie unsere Mutter in der Waschküche.

Herr Kardinal, wann hatten Sie das Gefühl, in Köln »angekommen« zu sein?

Eigentlich hatte ich schon bei meiner Ankunft von Berlin auf dem Köln/Bonner Flughafen das Gefühl: Jetzt bist du hier zu Hause, jetzt bist du hier angekommen. Vor allem, als ich unter denen, die mich begrüßten, altvertraute Gesichter entdeckte. Ich sah Weihbischof Klaus Dick, Weihbischof Walter Jansen und Weihbischof Hubert Luthe, die ich schon lange kannte, und die mich auch in Berlin besucht hatten. Sie streckten mir die Hand entgegen, und ich sagte spontan: Wenn ich euch sehe, dann ist das ja wie ein Nachhausekommen. Ein zweites, vielleicht mehr emotionales Gefühl, angekommen zu sein, war das erste Epiphaniefest in Köln am 6. Januar 1990. Nach dem Segen erzählte ich den Leuten, dass ich im Jahr 1948 oder 1949 – so genau weiß ich es nicht mehr – in unserem Dorf Körner in Thüringen bei einem Schneider, der das einzige Radio im Dorf besaß, die Übertragung des Dreikönigsgottesdienstes aus Köln gehört hatte. Ich habe heute noch die hohe Stimme von Kardinal Frings im Ohr. Und danach dachte ich mir: Den Kölner Dom möchte ich auch einmal sehen. Ich sagte dann den Gläubigen: »Heute, 1990, sehe ich nicht nur den Kölner Dom, sondern ich sitze auf dem Platz, auf dem Kardinal Frings gesessen hat. Das ist für mich ein Zeichen dafür, dass Gott der größte Abenteurer ist. Er holt sich seine Diener nicht von den Podesten, sondern er holt sie gleichsam aus den Niederungen des menschlichen Alltags heraus.« Nachdem ich das gesagt hatte, erhoben sich die vielen tausend Besucher im Dom und applaudierten minutenlang.

Gibt es für Sie in Köln einen Lieblingsplatz?

Mein Lieblingsplatz in Köln ist mein großer und schöner Garten hinter dem Haus. Von dort aus sehe ich drei bedeutende Kirchen unseres Erzbistums: zunächst den

Beim Einzug zum Einführungsgottesdienst gibt es sogar Applaus für den »Neuen«.

Dom, wenn auch nur die Spitzen der Türme, aber dann sehe ich St. Gereon und St. Ursula. Und von allen drei Kirchen höre ich auch das Glockengeläut. Außerdem befindet sich in meinem Garten eine große sitzende Marienstatue mit Kind auf dem Schoß, die früher vor dem Maternushaus stand, als es noch ein Krankenhaus war. Zu meinem 65. Geburtstag bekam ich außerdem von Christen aus Litauen eine Holzstele geschenkt, in der der verlassene Jesus zu sehen ist. Wann immer es möglich ist, gehe ich durch den Garten, genieße die herrliche Natur, halte dabei vor der Christusstele und der Marienfigur zu einem kurzen Gebet inne, erfreue mich an dem Gesang der vielen Vögel in den Bäumen und höre mitunter dann das herrliche Geläut wenigstens einer der drei erwähnten Kirchen.

SAMSTAG
Egal, wie voll der Terminkalender ist: »Stets zur ersten Liebe zurückkehren«

Nicht jeden Samstag herrscht so viel Betrieb im Erzbischöflichen Haus wie heute. Roman Dolecki und seine Frau Ewa haben das große Empfangszimmer festlich hergerichtet. Auf den Tischen stehen Kannen mit frischem Kaffee, Tassen und Teller mit Plätzchen. Alle paar Minuten ertönt die Hausglocke, und herein kommen junge Männer. Roman Dolecki nimmt ihnen die Mäntel und die Regenschirme ab. Er schaut auf die Uhr. »Noch drei Minuten«, sagt er und wirft einen kurzen Blick in die erste Etage. »Eigentlich braucht er keine Uhr, wir sind seine Uhr«, sagt er nur. Seine Bemerkung bezieht sich auf den Kardinal, der heute für neun Uhr zwei jüngere Weihejahrgänge von Kaplänen seiner Diözese zu einem Gespräch eingeladen hat. Aber Roman Dolecki muss seinen Chef nur selten einmal an einen Termin erinnern. Normalerweise ist er pünktlich, und auch heute kommt der Kardinal auf die Minute genau die Treppe herunter.

Jeder kann es spüren: Dieser Termin ist ganz nach seinem Geschmack. Die jungen Leute, die er eingeladen

Besonders feierlich geht es zu, wenn der Kardinal im Dom durch Gebet und Handauflegung Männer zu Priestern oder Ständigen Diakonen weiht.

hat, sind schließlich die Zukunft des Erzbistums, Männer, die das Pfarrexamen bestanden haben und als Kapläne und später als Pfarrer in den Gemeinden tätig sein werden. »Ich kenne euch ja alle noch als kleine Jungs«, lockert er die Gesprächsatmosphäre auf. »Haben alle etwas zu trinken und zu naschen?«, fragt er aufgeräumt. Kaffeekannen machen die Runde, Plätzchenteller kreisen, dann die Aufforderung zu fragen, »denn ich habe Angst, dass ich sonst auf Fragen antworte, die Sie gar nicht stellen.«

So kommen viele Themen auf den Tisch. »Sie werden oft im Auto unterwegs sein«, kündigt er seinen jungen Gästen an. »Sie werden Messen zelebrieren, Jugendmessen halten, Gesprächskreise und, ich fürchte, auch viele Sitzungen leiten.« Und er gibt ihnen mit auf den Weg, die Menschen, die ihnen anvertraut sein werden, nicht zu verwalten, sondern ihnen als Priester zu dienen. Ja, und dann die Umstrukturierungen, die leider nötig seien, und von denen auch sie nicht verschont würden! Sie machten den meisten Betroffenen große Sorge, denn sie seien für jeden schmerzlich. »Wir sind schon seit sechzehn Jahren damit beschäftigt, und ich kann das Wort ›Umstrukturierung‹ schon nicht mehr hören«, sagt der Kardinal und stellt fest: »Es war sicherlich richtig, sie – statt im Hauruckverfahren – allmählich durchzuführen.« Trotzdem kämen viele Gemeinden mit den Veränderungen

Ewa Dolecki deckt den Tisch im Konferenzraum für die nächsten Gäste des Kardinals.

Immer wieder umringen ihn die Menschen. Auch für die Kleinen ist es ein Erlebnis, wenn ein »echter Bischof« sie segnet.

nur sehr schwer zurecht. »Aber«, macht er seinen Zuhörern heute Morgen Mut, »es gibt auch positive Überraschungen«. Wenn eine Gemeinde vakant sei, entwickle sich oft erstaunlich viel an Eigeninitiative.

Glaubenswissen lässt sich prüfen

Auch die Schulseelsorge ist, wie sich herausstellt, ein Thema für die heutigen Gäste. 25 000 junge Menschen werden in den Schulen im Erzbistum Köln unterrichtet.

Da spielt der Religionsunterricht eine bedeutende Rolle. Oft werde behauptet, Religion könne man nicht prüfen. »Das stimmt nicht. Glaubenswissen kann man durchaus prüfen«, habe er erst kürzlich den Schulseelsorgern gesagt, die er zu einem Gespräch eingeladen hatte. »Schulen müssen nicht nur Lebens- sondern auch Glaubensschulen sein.« Natürlich könne man niemandem etwas einreden, man könne nur hoffen, dass das Gesagte auf fruchtbaren Boden fällt und aufgeht. Aber man müsse es nun mal sagen. Bei vielen Kindern, so berichtet einer der jungen Kapläne, seien gar keine Grundkenntnisse des Glaubens mehr vorhanden, auch auf dem Lande nicht. Da gelte es, quasi bei Adam und Eva anzufangen.

Der Kardinal nennt das Beispiel eines polnischen Priesters. Er unterrichte jede Woche 20 Stunden in den Schulen – und tue dies aus Überzeugung gern, denn »die Kinder müssen uns doch kennen lernen«, habe er gesagt. Das Ergebnis sei erstaunlich: Zwei Drittel aller Firmlinge machten begeistert als Messdiener oder in Chören mit. Berufung brauche eben den Ruf. Wenn niemand rufe, könne man auch nicht antworten.

Aber es sei auch wichtig, sich selbst zu überprüfen, zum Beispiel, indem man sich frage: Bete ich genug? Jesus habe jene zu sich gerufen, die er wollte, »auf dass sie bei ihm verblieben, und auf dass er sie sende«. Daher gelte es, stets »zur ersten Liebe zurückzukehren«. Breviergebet, Betrachtung, Anbetung, in der Eucharistie beim Herrn sein, in der Komplet, dem Nachtgebet des Breviers, die Gewissenserfor-

Ein Kölner Erzbischof ist selbstverständlich auch ein glühender Fan des 1. FC Köln

Auch seinen Zuhörern legt er immer nahe: Beten ist das Atemholen der Seele.

schung nicht vergessen, stets mit der Frage: Ist Christus primär gewesen heute? – dies alles sei für einen Priester überlebenswichtig und müsse seinen Platz haben, egal, wie voll der Terminkalender auch sei. Bei aller Belastung müssten wichtige Dinge für noch wichtigere zurückgelassen werden, denn wenn das »Komm und Bleibe« nicht stimme, dann stimme auch das »Gehe« nicht.

Blumenvasen im Beichtstuhl

Ebenso notwendig sei die regelmäßige Beichte. Nicht nur für die Gemeindekinder. Einen Priester, der sich bei ihm über das nachlassende Interesse der Menschen am Gemeindeleben und am Gottesdienst beklagte, habe er gefragt, wann er selbst denn das letzte Mal zur Beichte gewesen sei. Da habe dieser gestanden, seine letzte Beichte liege sieben Jahre zurück. »Da habe ich mich nicht gewundert, den Beichtstuhl in seiner Kirche voller Blumenvasen vorzufinden.« Ein Priester sei auch Vorbild und Beispiel und müsse seinen Glauben leben, zu dem nun mal die Beichte gehöre. »Werden Sie ihrem Charisma gerecht, seien Sie der richtige Mann am richtigen Ort«, ermuntert der Kardinal seine Zuhörer.

Ein Kaplan erzählt, dass der Pfarrer seiner Gemeinde zur Begeisterung der jungen Leute eine Modelleisenbahn besessen habe und bei jedem Tor von Schalke 04 sich zur Belohnung ein neues Stück für seine Anlage schenkte. Resultat: Sechs seiner Ministranten seien Eisenbahner geworden. »Also mir wäre es lieber gewesen, wenn sie Pfarrer geworden wären«, kann sich der Kardinal unter allgemeinem Gelächter eine Bemerkung nicht verkneifen.

Freude an Gott

Wie er, der Herr Kardinal, denn auf den Gedanken gekommen sei, Priester zu werden, will einer der Kapläne wissen. »Ich bin in der Diaspora groß geworden«, erzählt der. »Wir hatten keine eigene Kirche, keine Monstranz, keine Muttergottesfigur, also gar nichts, was den katholischen Glauben auch nach außen hin schön und anziehend

Priesterweihe im Kölner Dom: Der Ritus des Ausgestrecktseins auf dem Boden bedeutet die Unterwerfung unter den Willen Gottes.

macht. Und trotzdem hat mich dort der Ruf Gottes getroffen. Unser Pfarrer sagte immer: Wir können den anderen nicht zeigen, was die katholische Kirche ist, wir können das nur durch uns selber zeigen.«

Und fast wie zu sich selbst fügt er hinzu: »Seit ich denken kann, hat mich immer die Freude an Gott bewegt, sodass der Wunsch, Priester zu werden, ganz natürlich mein Leben als Kind und Jugendlicher bestimmt hat. Seine geistlich-theologische Heimat sei das theologische Werk von Hans Urs von Balthasar und Kardinal Ratzinger, dem jetzigen Papst Benedikt.

»Dank des Weltjugendtages ist heute in einigen Gemeinden wieder so etwas wie eine Aufbruchstimmung festzustellen«, erzählt ein junger Geistlicher. Ein anderer wiederum weiß zu berichten, dass viele Jugendliche aus Polen in seine Gemeinde zugezogen seien und für eine neue Motivation im Glaubensleben gesorgt hätten. »Sie reißen die Einheimischen ganz einfach mit.« Und so gebe es ein großes Interesse am Dienst des Messdieners. Von den Erfahrungen mit dem Glaubensleben in seiner Heimat erzählt ein junger slowakischer Priester. Sechzig junge Leute seien zum Weltjugendtag nach Köln gekommen, und nun habe man daheim einen slowakischen Jugendtag geplant, und zweieinhalbtausend junge Leute würden gern zum nächsten Weltjugendtag nach Sydney reisen. Doch leider fehle den meisten das nötige Geld. »Bei meinem letzten Aufenthalt in der Slowakei habe ich für zehn Jugendliche das Fahrgeld nach Sydney gespendet«, freut sich Kardinal Meisner. Das war in Levoca, in Leutschau, im alten deutschen Siedlungsgebiet, der Zips. Die Freude darüber sei so groß gewesen, dass man ihn sogar zum Ehrenbürger der Stadt gemacht habe.

Knapp drei Stunden haben kaum ausgereicht, um an diesem Morgen beim »Chef« alle Themen anzusprechen. So erstaunt es keinen, dass der Kardinal abschließend anregt: »Lasst uns jedes Jahr einmal bei mir zusammensitzen und reden – und ruft mich an, wenn ihr was auf dem Herzen habt oder wenn euch mal der Schuh drückt. Und denkt daran: Am Montag der Karwoche seid ihr alle zum »Oasentag« eingeladen«, gibt er den Kaplänen noch mit auf den Weg.

»Oasentag«, das bedeutet: Alle Priester und Diakone des Erzbistums sind vom Kardinal zu einer geistlichen Stunde nach Köln eingeladen – mit Vortrag und anschließender Eucharistischer Anbetung in der Minoritenkirche. Ab Mittag haben die Mitbrüder Gelegenheit zur Beichte, und am Nachmittag schließt sich im Dom die Chrisammesse an, bei der die heiligen Öle geweiht werden. Der Tag klingt mit einem gemeinsamen Mahl aus. »Im Laufe der Zeit sind immer mehr Teilnehmer gekommen«, freut sich der Kardinal, der den ersten Oasentag im Jahr 1990 veranstaltete, obwohl das Domkapitel dies mit Skepsis betrachtete.

Immer, wenn die Stasi kam

Kardinal Meisner legt Wert darauf, mit den Geistlichen der Erzdiözese in möglichst engem Kontakt zu sein. Während seiner Jahre in der DDR sei dies sehr wichtig gewesen. Denn dort habe immer die Gefahr bestanden, von der Stasi vereinnahmt zu werden, vor allem, wenn jemand einen Fehler gemacht habe und erpressbar geworden sei. So hieß damals der gute Rat des Bischofs: »Wenn die Stasi kommt, sagt den Männern, ich bin gerade auf dem Weg zum Bischof, ich werde ihm berichten, dass sie bei mir waren.« 990 junge Priester hätten sich daran gehalten, zehn seien leider schwach geworden.

Während die jungen Gäste sich in den Regen hinaus verabschieden, wartet auf den Kardinal bereits das Auto und damit auch der nächste Termin: Mittagessen im Kolpinghaus beim »Bürger-Komitee zur Kardinalserhebung von 1850«, einer traditionellen, wohltätigen Kölner Einrichtung, die auf Kardinal von Geissel zurückgeht. Er war der erste Kölner Erzbischof, der die Kardinalswürde erhielt. Aus diesem Anlass gründete er eine Stiftung und machte zur Auflage, dass jedes Jahr »70 Kölner Greise zu einer Armenspeisung eingeladen werden«. Bis heute hat sich diese Tradition erhalten, und so kamen auch diesmal wieder 72 einsame alte Herren zusammen, um gemeinsam mit dem Kölner Erzbischof bei Rheinischem Sauerbraten und Kölsch ein paar gemütliche Stunden zu verbringen.

Für den Kardinal ist dies die Samstag-Nachmittags-Entspannung, bevor er sich noch einmal an seine Predigt für den Sonntag setzt. Denn abgesehen von seinen Predigten im Dom oder während der Woche als Gast in einer der Kölner Gemeinden hält er sonntags, oft auch samstags, in Gemeinden seiner Diözese ein festliches Hochamt. Er ist gern unterwegs. Hat er da doch Gelegenheit, viele Menschen kennen zu lernen.

Zeit für die Familie

Ob er manchmal auch an einem Wochenende ganz privat ist, wollen seine Zuhörer am Mittagstisch wissen. »Zweimal im Jahr ganz bestimmt«, gesteht der Kardinal. »Zum Beispiel, wenn Pfingsten die Familie zu mir kommt, aber auch, wenn ich zu unserem großen Familientreffen nach Thüringen fahre. Dann geht's sogar schon freitags los.« Der Kardinal gerät ins Schwärmen, und es scheint fast, als sei gutes Essen für ihn eine seiner liebsten Freizeitbeschäftigungen. »Unterwegs machen wir in der Rhön bei einer bekannten Familie Pause«, erzählt er und vergisst nicht zu erwähnen: »Es gibt dort immer Rouladen, die so groß sind, dass man aus ihnen drei machen könnte, und die Klöße sind so groß wie ein halber Fußball.«

Aber das sei erst der Anfang dieses verlängerten Wochenendes, erfahren seine Zuhörer. Denn weiter geht es über den Kamm des Thüringer Waldes und Eisenach nach Creuzburg, wo die heilige Elisabeth ihre Kinder zur Welt brachte. Zum Kaffeetrinken warten der älteste Bruder und seine Familie bereits mit Quarkkuchen. Und in Körner, der thüringischen Heimat des Kardinals, geht das Fest erst richtig los. Natürlich komme auch die heilige Messe nicht zur kurz. Sie bilde im Kloster Volkenroda den Höhepunkt des ersten Familientages.

Das Foto zeigt Mutter Meisner gemeinsam mit ihren vier Söhnen Hubert, Peter, Werner und Joachim (rechts neben der Mutter).

Aber solch eine Zusammenkunft ist natürlich auch immer ein Wiedersehen mit all den Menschen »von früher«: mit den Freunden aus Heiligenstadt und Erfurt und den ehemaligen Schülerinnen aus seinem einstigen Kindergärtnerinnenseminar. »Und alle bringen ihre Kinder und Enkel mit«, strahlt der Kardinal. »Jedes Jahr sind es mehr.« Selbstverständlich fehle auch ein Besuch am Grab der Mutter nicht, das im Laufe der Jahre schon so etwas wie eine Touristenattraktion geworden sei. »Auf ihrem Grabstein stehen nur die schlichten Worte: 'Aus Gott – zu Gott'. Dazu sieht man zwei Hände, die sich ineinander legen.«

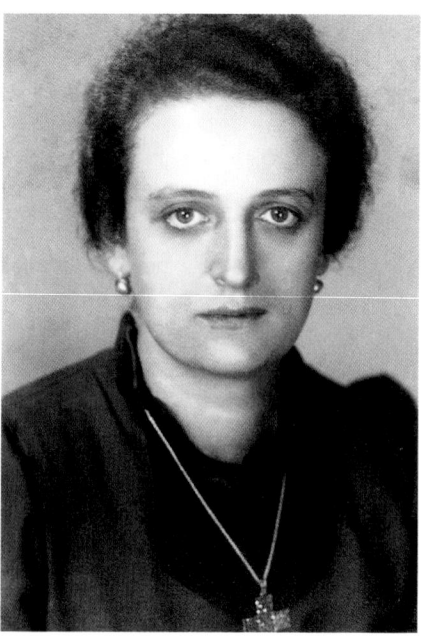

Mutter Hedwig Meisner. Mit ihren vier Söhnen musste sie die Heimat verlassen und als Witwe für die Familie allein sorgen.

Alle blickten auf die Mutter

»Die Mutter hat in den 40er Jahren sogar selber eine Beerdigung gehalten«, erinnert sich der Kardinal. Er war damals ein kleiner Junge. Aber er weiß es noch, als sei es gestern gewesen: »Wir warteten, dass die Beerdigung beginnen konnte, doch der Pfarrer kam nicht. Er war unterwegs verunglückt, und der Bürgermeister ließ uns sagen, wir sollten die Beerdigung ohne ihn halten. Alle blickten auf die Mutter, denn wir waren – wenn es um die Kirche ging – immer die Ansprechfamilie. Ja, da haben wir gesungen und gebetet, ich durfte das Kreuz tragen, und so haben wir Herrn Leisner feierlich beerdigt. Zum Schluss haben wir wie immer das wunderschöne Lied gesungen:

*Segne du, Maria,
segne mich, dein Kind,
dass ich hier den Frieden,
dort den Himmel find.
Segne all mein Denken,
segne all mein Tun,
lass in deinem Segen
Tag und Nacht mich ruh'n.*

*Segne du, Maria,
alle die mir lieb,
deinen Muttersegen
ihnen täglich gib.
Deine Mutterhände
breit' auf alle aus.
Segne alle Herzen,
segne jedes Haus.*

*Segne du, Maria,
unsre letzte Stund,
süße Trostesworte
flüstre dann dein Mund.
Deine Hand, die linde,
drück' das Auge zu.
Bleib in Tod und Leben
unser Segen du.«*

Die Runde der älteren Herren hat aufmerksam zugehört. Einer stimmt die Melodie des Liedes an. »Sie kennen es also auch noch«, stellt der Kardinal fest. »Es galt als kitschig, und es sollte ursprünglich in das neue Gesangbuch nicht mehr aufgenommen werden.« Aber es habe von allen Liedern die meisten Zuschriften bekommen, und als Kaplan habe er es den Sterbenden immer vorsingen müssen. »Ich habe mir daraufhin gesagt: Wenn dieses

Sie sehen sich nur selten, aber halten zusammen: Der Kardinal mit seinen Brüdern Werner, Hubert und Peter (von links).

Lied den Sterbenden hilft, kann das so schlecht nicht sein.« Und ein wenig nachdenklich fügt er an: »Ich werde auch bald ein Sterbender sein, da bin ich mit dem Lied vertraut.« Und zu Pfarrer Boss gewandt: »Herr Pfarrer, dann können Sie mir das ja vorsingen.«

Mit diesem kleinen Ausflug in die Familiengeschichte ist es später Nachmittag geworden. Roman Dolecki fährt den Wagen vor. Es wird Zeit für den Kardinal, denn die nächsten Pflichten rufen. Oder sollte er gar Feierabend haben? »Nein«, lacht er gutgelaunt. »Ich erwarte gleich noch einige Besucher.« Und tatsächlich: Kurz, nachdem Pfarrer Boss noch einmal im Büro »vorbeischaut«, stehen sie vor der Tür. Es sind drei Bischöfe aus Afrika, die im benachbarten Priesterseminar untergekommen sind. Sie nehmen morgen an dem festlichen Hochamt teil, das Kardinal Meisner halten wird. Ewa Dolecki hat den Kaffeetisch gedeckt. Dann beginnt ein langer und intensiver Erfahrungsaustausch. Wann Schluss war, weiß ich nicht, denn ich bin nach Hause gegangen. Schließlich heißt es, morgen, am Sonntag, wieder zeitig da zu sein.

INTERVIEW

Kardinal sein heißt: Verantwortung für die Weltkirche

»Kardinalsgepäck«: Sein Birett und die Behältnisse für das ihm vom Papst verliehene Pallium – als Zeichen der Würde des Erzbischofs, sowie drei Nadeln, die zum Pallium gehören.

Herr Kardinal Meisner, bedeutet, Kardinal der römisch-katholischen Kirche zu sein, mehr Würde oder mehr Bürde?

Ich erinnere mich noch genau an den Tag im Februar 1983. Nach meiner Erhebung zum Kardinal im Konsistorium in Rom hatte der damalige Regierende Bürgermeister von Berlin, Richard von Weizsäcker, zu einem großen Empfang in die Deutschlandhalle eingeladen. Viele Bischöfe waren gekommen, und unter ihnen war ich der einzige in Purpur, der Kardinalsfarbe. Alle Kameras waren auf mich gerichtet. Da wurde mir deutlich, welch eine exponierte Stellung ich plötzlich einnahm. Jetzt trug ich auf besondere Weise die Verantwortung für die Weltkirche mit. Und auch zusätzliche Aufgaben würden mir übertragen werden, die Zeit und Kraft erfordern. Da ist es mir schon schwer geworden.

Hatten Sie damit gerechnet, dass Rom Sie zum Kardinal berufen würde?

Im Grunde musste ich damit rechnen, dass der Bischof von Berlin, der ich ja war, irgendwann auch Kardinal werden würde. Schließlich war ich Bischof in zwei verschiedenen Teilen unseres Landes, in Ost-Berlin, dem kommunistischen, und in West-Berlin, dem kapitalistischen Teil. Außerdem war ich Vorsitzender der Berliner Bischofskonferenz.

Erinnern Sie sich noch, wie es war, als Sie die Nachricht bekamen?

Ja, sicher. Es war so üblich, dass zum Neujahrsgottesdienst der Generalvikar von West-Berlin als Domkapitular zusammen mit anderen Domkapitularen immer nach Ost-Berlin kam. So war es auch am 1. Januar 1983. Und als er mir – wie sonst ebenfalls üblich – ein Schreiben mit den Worten überreichte: »Hier ist noch ein Brief vom Nuntius«, habe ich mir auch nichts dabei gedacht. Ich steckte den Brief in die Tasche meiner Soutane und

KARDINAL SEIN HEISST: VERANTWORTUNG FÜR DIE WELTKIRCHE | INTERVIEW

Weltkirche in Köln: Erzbischof Loutfi Laham aus Jerusalem (links), Erzbischof Cyril Mar Baselios aus Indien (rechts), neben ihm Kardinal Shirayanagy aus Tokio.

vergaß ihn. Erst, als nach ein paar Tagen die Schwester, die meine Sachen ausbürstete und bügelte, sagte: »Hier ist noch ein Brief für Sie, Herr Bischof«, las ich ihn. Und da erfuhr ich, dass genau einen Tag später, am 5. Januar, veröffentlicht werden würde, dass der Heilige Vater mich im nächsten Konsistorium am 2. Februar zum Kardinal ernennen wird.

Wie haben Sie sich auf diesen Tag vorbereitet?

Die Vorbereitungen waren von Ost-Berlin aus ziemlich kompliziert. Wer zum Kardinal ernannt wird,

Kardinal Meisner während eines Pontifikalamtes am Altar des Kölner Domes bei der Gabenbereitung.

darf eine »Kardinalsfamilie« nach Rom mitbringen. Das bedeutete für mich, dass die eine Hälfte aus West-Berlin, die andere aus Ost-Berlin anreisen musste. Für meine Familienangehörigen in der DDR kam noch eine besondere Schwierigkeit hinzu. Die Vorschriften besagten, dass wohl meine Mutter, auch meine Brüder, aber nicht ihre Frauen mitkommen durften, außerdem musste jeweils ein Kind zu Hause bleiben, da das Regime befürchtete, die Familien würden sonst im Westen bleiben.

Und wie sind Sie selbst nach Rom aufgebrochen?

Ich bin schon ein paar Tage vor meiner Familie mit Interflug über Wien geflogen und von dort weiter mit Austrian Airlines nach Rom. Ich brauchte ein paar Tage Vorlauf, denn schließlich gab es noch viel zu erledigen. Vor allem musste ich zu Gammarelli, um die Kardinalssoutane anzuprobieren. Das ist der Schneider, der uns alle einkleidet. Er hatte mir schon vorher ein Formular zugeschickt, in dem ich meine Maße genau zu notieren hatte, sodass die Anprobe problemlos war.

Als Kardinal haben Sie eine ganze Reihe von Ämtern und Tätigkeiten, denen Sie zusätzlich gerecht werden müssen. Sie sind, um nur eini-

ges aufzuzählen, Mitglied der römischen Kongregation für den Gottesdienst und die Sakramentenordnung, der römischen Kongregation für die Bischöfe, der römischen Kongregation für den Klerus, Sie sind im Päpstlichen Rat für die Gesetzestexte, in der Präfektur für die wirtschaftlichen Angelegenheiten des Heiligen Stuhls, Mitglied des Kardinalrates zum Studium der organisatorischen und wirtschaftlichen Fragen des Apostolischen Stuhls, der Kommission X für weltkirchliche Aufgaben der Deutschen Bischofskonferenz sowie des Obersten Rates der Päpstlichen Missionswerke, darüber hinaus Präsident der bischöflichen Kommission Ecclesia Celebrans sowie Vorsitzender der Liturgiekommission der Deutschen Bischofskonferenz, der Unterkommission X für die Beziehungen der Deutschen Bischofskonferenz mit Mittel- und Osteuropa und der Solidaritätsaktion Renovabis. Gegen diese Liste nehmen sich die Nebentätigkeiten der Politiker, Konzernchefs und Gewerkschafter geradezu bescheiden aus. Aber kann ein einziger normaler Sterblicher all diesen Aufgaben gerecht werden?

Ich fühle mich immer überfordert. Für mich ist das große Beispiel der Heilige Josef. Der lebte permanent in Überforderungssituationen. Er hat bei der Verkündigung die Verheißung gehört, das Kind werde groß sein und Sohn des Höchsten genannt werden, ja, es werde König sein über das Haus Jakob ewiglich. Aber zu seinen Lebzeiten hat sich gar nichts getan. Doch die Nähe des Herrn hat ihn immer diese Überforderungssituation überstehen lassen. Und dies nicht mit Ach und Krach, sondern mit Glanz und Gloria. Darum fühle ich mich dem Heiligen Josef sehr verwandt. Allerdings hat er mir vieles voraus: Von ihm ist kein einziges Wort überliefert, sondern nur Taten... Und von mir?

Was war für Sie als Kardinal das bisher eindrucksvollste Erlebnis?

Für mich war die Wahl des neuen Papstes das beeindruckendste Erlebnis meines Lebens. Vielen, die mich fragen, wie solch ein Urnengang vonstatten geht, und ob da vorher – wie in der Politik – mit harten Bandagen gekämpft oder gar gekungelt wird, erkläre ich immer wieder: Wer in der Sixtinischen Kapelle vor Michelangelos

Nicht nur im Gebet vereint: Der Kölner Erzbischof und der Papst. Das Bild entstand beim Besuch des Papstes in St. Pantaleon in Köln.

Darstellung des Jüngsten Gerichts seinen Zettel in die Wahlurne wirft, dem ist spätestens in diesem Augenblick in aller Deutlichkeit bewusst, dass er vor Gott und in der Verantwortung für seine Kirche die Entscheidung trifft! Wer da noch tricksen will, müsste im wahrsten Sinne des Wortes von allen guten Geistern verlassen sein.

Die Kardinäle der römisch-katholischen Kirche sind der »Senat« des Papstes.

Ursprünglich wurde dieser Senat von den Geistlichen in und um Rom gebildet, die den Nachfolger Petri, der ja stets auch Bischof von Rom ist, beraten sollten. Daraus hat sich eine geradezu weltumspannende Aufgabe entwickelt. Heutzutage sind die Kardinäle in die Verantwortung des Pontifex für die mehr als eine Milliarde zählende Gläubigenschar mit einbezogen. Viele gehören unterschiedlichen Gremien an, und die, die in Rom ansässig sind, haben dort wichtige Posten inne. So war zum Beispiel der jetzige Papst, als er noch als Kardinal Ratzinger mit seiner braunen Aktentasche, die Baskenmütze auf dem Kopf, zu Fuß quer über den Petersplatz zu seinem Arbeitsplatz im Palast des Heiligen Offiziums eilte, Präfekt der Glaubenskongregation. Und das bedeutet: Erster Hüter des katholischen Glaubens.

Schließlich sollte ein Kardinal ein Mensch sein, der nicht nur anderen vom Glauben predigt, sondern selber auch danach lebt. Im Volksmund würde man sagen: der nicht Wasser predigt und selber Wein trinkt. Dieses äußere Zeichen ist das wohl wichtigste Kriterium, um in solch ein Amt berufen zu werden. Aber ein integer Charakter ist natürlich nicht allein ausschlaggebend. Befähigt für das Kardinalsamt wäre zum Beispiel auch jemand, der eines der vatikanischen Ministerien, ein Dikasterium, leitet. Infrage käme auch der Ortsbischof eines wichtigen Bischofssitzes, mit dem traditionell ein Kardinalsposten verbunden ist, so wie es zum Beispiel in Deutschland München, Berlin und Köln sind. Dass die Bischöfe von Essen, Paderborn und Mainz in den Kardinalsrang erhoben wurden, war eine Ausnahme und damit auch eine besondere Ehrung.

Unter anderem haben Kardinäle die Aufgabe, nach dem Tod eines Papstes einen neuen zu wählen. Sie dürfen dann aber nicht älter als 80 sein. Das sind augenblicklich 120 von ihnen.

Kardinäle aus der ganzen Welt in Rom: Sie sind der Senat des Papstes, zu ihnen gehört auch der Kölner Kardinal.

Die Irrfahrt nach Rom zur Kardinals-Ernennung

So war es damals beim Kölner Erzbischof Josef Kardinal Frings

Stets von begeisterten Menschen umringt: Erzbischof Josef Kardinal Frings – wie ihn die Kölner gern in Erinnerung haben.

Bei Erzbischof Josef Kardinal Frings, dem Vor-Vorgänger von Kardinal Meisner, war die Ernennung zum Kardinal mit einem wohl einmaligen Abenteuer verbunden, denn seine Reise nach Rom gestaltete sich als eine ziemliche Prozedur. Man schrieb das Jahr 1946. Der Krieg war zu Ende, Deutschland zerstört und von aller Welt geächtet und gemieden. Vieles hing vom Wohlwollen der alliierten Besatzungsmächte ab, die das Land in vier Zonen eingeteilt hatten. Das machte sich deutlich bemerkbar, als Papst Pius XII. drei deutsche Bischöfe zu Kardinälen ernennen wollte und sie nach Rom einlud. Es waren die Bischöfe von Berlin, Münster und Köln. Der Münsteraner Bischof von Galen und der Kölner Erzbischof Josef Frings beschlossen, gemeinsam zu reisen, denn sie gehörten beide zur britischen Besatzungszone. Aber so einfach wie es klingt, war dies nicht.

Den Bischöfen war dies wohl bewusst. Wie der Kölner Kardinal später notierte, hatte ein ihm wohlgesonnener britischer Brigadier namens Sedgwick heimlich berichtet: »Es sitzt einer im Foreign Office, der diese Reise der Kardinäle nicht haben will und Schwierigkeiten über Schwierigkeiten macht.«

Das bekamen die Bischöfe und ihre Begleiter – aus Köln Generalvikar David und Geheimsekretär Dr. Hürtgen – auch bald zu spüren. Der Kölner Kirchenhistoriker, Prof. Norbert Trippen, beschreibt diese außergewöhnliche Reise nach Rom mit all den Hindernissen in seinem Buch über Josef Kardinal Frings (Band I, 1887 – 1978) ausführlich. Daher soll sie hier nur kurz geschildert werden.

Der kleinen Reisegruppe war nach schwierigen Verhandlungen gestattet worden, ab Münster ein britisches Flugzeug zu nehmen. Also galt es, zunächst nach Münster zu reisen. Das taten die drei Kölner denn auch, strandeten allerdings auf ihrer Fahrt dorthin nachts wegen schlechten Wetters bei den Herz-Jesu-Schwestern in Hiltrup, etwa fünf Kilometer vor ihrem eigentlichen Ziel. Und als sie nach zwei Tagen endlich in Münster

Kardinal Frings liebte es, sich unter die Menschen zu mischen – aber er freute sich auch über kleine Besucher in seinem Haus.

ankamen, konnten sie mit der dafür vorgesehenen kleinen Propeller-Maschine nicht starten, weil es die Witterungsverhältnisse nicht erlaubten und das kleine Flugzeug für die Reisegruppe nicht ausreichte.

Die Männer fuhren daraufhin in zwei klapprigen Limousinen gen Frankfurt. Aber es regnete so heftig, dass die Wagen nachts im Taunus auf einer überschwemmten Straße schlapp machten. Als sich die Herren von dem Schreck erholt und Hilfe herbeigeholt hatten, wurden sie nach Karlsruhe gefahren. Dort sollten sie in einem Urlauberzug nach Kärnten reisen. Aber der Zug fiel aus, und die Herren wurden nach Frankfurt gebracht. Vier Tage der Irrfahrten lagen hinter ihnen, als dem Kölner Erzbischof der Geduldskragen platzte, nachzulesen in einer Notiz von Josef Frings vom 12. Februar 1946: Der Erzbischof von Köln erklärte darauf Brigadier Sedgwick, er danke ihm persönlich für die überaus große Sorge, die er um uns getragen, aber er lasse sich nicht weiter herumschleppen; es sei offensichtlich, dass die Reise der deutschen Bischöfe verhindert oder zum wenigsten gehemmt werde. Wenn bis morgen Mittag keine sichere Reisemöglichkeit geboten sei, bitte er, ihn nach Köln zurückzubringen. Der Bischof von Münster nahm den gleichen Standpunkt ein. Wie Frings sich erinnerte, habe er noch gesagt: »Herr General, ich kann leben, ohne Kardinal zu sein.«

Der britische Brigadier schlug daraufhin vor, die Reisenden über Paris nach Rom zu schicken. Und so fuhren sie im Militärzug kostenlos nach Paris, wo sie von ihren französischen Bischofskollegen freundlich und großzügig betreut wurden. Und am Abend des 12. Februar ging es endlich per Zug gen Süden – ohne Fahrkarten und ohne Geld, aber mit Diplomatenpässen. Zum Frühstück am nächsten Morgen lebten die Herren von Kleinigkeiten, die ihnen Mitreisende zusteckten, heißt es weiter bei Professor Trippen. Und als ob es nicht schon genug der Strapazen war, gab es in Mailand die nächste Unterbrechung. Der Anschlusszug war überfüllt, sodass die geistlichen Herren nicht mehr mitgenommen wurden. Um es kurz zu machen: Am 15. Februar, nach neun Tagen der Irrfahrt, gelangten sie tatsächlich nach Rom. Sie kamen gerade noch rechtzeitig zu den Feierlichkeiten.

Diese kurze Schilderung der dramatischen Reise nach Rom soll hier genügen. Der Kirchenhistoriker Professor Trippen geht in seinem Buch über Kardinal Frings auch ausführlich auf die besondere politische Bedeutung der damaligen Ernennung dreier deutscher Bischöfe zu Kardinälen ein. Papst Pius XII. habe damit ein deutliches Zeichen gesetzt. Für die Deutschen und das in Trümmern liegende Land sei es

Das berühmte Bild der Stadtpatrone, ein Triptychon von Stephan Lochner – in der Marienkapelle des Kölner Doms.

nach dem verlorenen Krieg ein Signal der Ermutigung gewesen. Dazu gehörte vor allem eine besondere Geste des deutschfreundlichen Papstes: Kardinal Frings durfte Pius XII. unter vier Augen die schwierige Situation im zerstörten Heimatland schildern – und dies in deutscher Sprache.

Mittagessen mit dem soeben gewählten Papst

Aber nicht nur Kardinäle sind privilegiert, nahe am Papst zu sein. Manchmal sind es auch ›gewöhnlich Sterbliche‹, wenn wir Kapläne und Privatsekretäre als ›gewöhnlich sterblich‹ bezeichnen dürfen. Jedenfalls blitzen die Augen von Pfarrer Boss, und er strahlt übers ganze Gesicht, wenn er von solch einer Sternstunde erzählt: Es war zwei Tage nach der Wahl des jetzigen Papstes. Die Aufregung der vergangenen Tage hatte sich etwas gelegt, als er entspannt durch Rom bummelte, während er seinen Chef irgendwo in der Via della Conciliazione unterwegs wähnte. Sein Mobiltelefon läutete, und am anderen Ende meldete sich Prälat Gänswein. Schöne Grüße vom Heiligen Vater. Er würde gern um 13 Uhr mit Kardinal Meisner zu Mittag essen. Und er, der Herr Pfarrer, könne ihn ja bis zum Treffpunkt begleiten und sich danach wieder verabschieden. So habe er die Gelegenheit, dem Neugewählten zu gratulieren.

Es war soeben 10 Uhr vormittags. Wo sollte er im von Touristen überquellenden Rom seinen Kardinal finden? Der hatte sein Handy ausgeschaltet. Als Pfarrer Boss kurz nach zwölf Uhr entnervt aufgeben wollte, kam der Kardinal ihm ahnungslos entgegen. Zum Mittagessen beim neugewählten Papst? Sofort machten die beiden sich auf den Weg, durch Tore und Türen des Vatikan, vorbei an Schweizergarde und Wachpersonal und schafften es auf die Minute. Der Papst hielt sich noch im Gebäude Santa Marta auf, in dem die Kardinäle während der Papstwahl gewohnt hatten. Der Tisch war gedeckt, ein gutgelaunter, entspannter, frisch gewählter Papst begrüßte sie, und Joseph Ratzinger sagte selbstverständlich zum bescheiden sich im Hintergrund haltenden Pfarrer Oliver Boss: »Aber Sie bleiben doch wohl auch zu Tisch!«

So wurde es für den Privatsekretär Boss das schönste und interessanteste Mittagessen seines bisherigen jungen Lebens. Was es zu essen gab? Da muss er allerdings ein bisschen nachdenken: »Hinterher frische Datteln, die der lateinische Patriarch von Jerusalem, Michel Sabbah, dem Papst geschickt hatte. »Und eine sehr süße Torte, ein Geschenk der Mitarbeiter aus der Glaubenskongregation«, erinnert sich der Pfarrer.

SONNTAG
Wenn die Dom-Glocken läuten: »Da weiß ich, wofür ich eigentlich da bin«

Links: Kardinal Meisner bei einem Gottesdienst in Rom. Rechts: Touristen beobachten den Auszug aus dem Dom nach einem Pontifikalamt.

Der Vollmond scheint so hell vom dunkelblauen Morgenhimmel, dass er Schatten wirft. Die Wildenten im erzbischöflichen Garten haben ihre Köpfchen noch fest ins Gefieder gegraben. Doch aus einem der Fenster im Haus dringt mattes Licht. Der Kardinal, so schätze ich, betet sein Brevier. Er betet viel. Morgens sehr zeitig, mittags zieht er sich nach dem Essen noch einmal für eine Weile zurück, und abends – ganz gleich, wie lang der Tag auch gewesen sein mag. Und natürlich immer wieder zwischendurch. Vor jedem wichtigen Gespräch betet er, vor jeder Fahrt spricht er den Reisesegen, er betet vor den Mahlzeiten, und nachher vergisst er nicht zu danken.

Heute ist es ruhiger im Erzbischöflichen Haus. Die morgendliche Messe des Erzbischofs fällt aus. Stattdessen zelebriert Pfarrer Boss heute für die Schwestern. Es steht ein festliches Pontifikalamt im Dom an – mit vielen Ehrengästen aus dem In- und Ausland. Vor dem Frühstück eilt der Pfarrer noch einmal in sein Arbeitszimmer. Hat sich inzwischen noch etwas Wichtiges ereignet, das der Kardinal wissen muss? »Wir sind gestern bis spät in den Abend hinein mit anderen wichtigen Dingen beschäftigt gewesen«, sagt er. »Daher ist noch einiges zu klären, bevor es hier losgeht.« Und da kommen sie auch schon herüber aus dem benachbarten Priesterseminar: die drei Bischöfe aus Afrika, die der Kardinal zum Frühstück eingeladen hat.

Die Schwestern Ingridis und Radegundis haben den Tisch bereits gedeckt. Sie bringen eine große Kanne Kaffee für die Gäste. Es geht üppiger zu als an den Wochentagen. Auch der viel gerühmte Mohnkuchen darf heute nicht fehlen. Es soll Gäste geben, die ihn vermissen würden. Und während die Geistlichen noch eine Weile das Gespräch mit dem Herrn Kardinal nutzen, um mit ihm Probleme ihrer Diözesen zu erörtern und seinen Rat einzuholen, dreht sich im Dom schon alles um das bevorstehende Pontifikalamt.

Küster Müller hat in der geräumigen Sakristei hinter der Sakramentskapelle schon zwanzig Messgewänder ausgelegt, für jeden Konzelebranten dazu Schultertuch, Albe und Stola. Darauf liegen die Kopfbedeckungen, die Birette – für die Domkapitulare sind es violette, für Monsignori schwarze mit roter Borte und einem roten Pompon (als Laie darf man auch »Bömmel« sagen), für die Pfarrer, Kapläne und Diakone sind die Kopfbedeckungen

ganz in Schwarz gehalten. Zwei Flaschen Messwein, zwei Kelche und mehrere Hostienschalen stehen bereit, damit bei der Kommunion zu elf ausgeteilt werden kann.

Es muss klappen wie am Schnürchen

Domvikar Michael Kahle ist als Dom-Zeremoniar verantwortlich, dass alles wie am Schnürchen klappt. Wer trägt den Lesungstext vor, wer liest die Fürbitten? Küster Müller und Küster Mause sind »alte Hasen« und so schnell nicht aus der Ruhe zu bringen. Sie helfen den Gästen, die nun nach und nach ankommen, beim Einkleiden. Noch einmal prüft der Domvikar die Liste der Konzelebranten. Den Neulingen unter ihnen, die noch nie im Dom zelebriert haben, erklärt er geduldig, wo sie sich aufstellen müssen, ob sie rechts oder links am Altar entlanggehen sollen, wo sie Platz nehmen dürfen, vor allem aber: was sie während des Pontifikalamtes zu beachten haben.

»Manche kommen mit Sonderwünschen, wollen in die Zeremonie etwas Eigenes einbringen, so wie sie es aus ihrer Pfarrei kennen«, erklärt er. »Aber denen muss ich sagen, dass im Dom das Messbuch

Der Kardinal am Altar – aus der Perspektive der hinter ihm sitzenden Domherren gesehen.

die Grundlage ist. Ich habe die Weisung des Kardinals zu befolgen, und die heißt: Die Liturgie im Dom ist normativ für das gesamte Erzbistum.«

Allmählich weicht die Betriebsamkeit in der Sakristei einer leichten Anspannung. In 22 Minuten soll das Pontifikalamt beginnen. Der Dom ist bereits bis auf den letzten Platz besetzt. Auf die Kölner Katholiken ist Verlass. Was immer sie vielleicht an ihrer Kirche und Gottes Bodenpersonal zu kritisieren belieben: Sonntags sind viele von ihnen da. Und an Festtagen sogar besonders viele. Manche sitzen schon zwei Stunden vor Beginn auf ihrem Platz in der ersten Reihe. Sie wissen: Wenn sie später kommen, bleiben ihnen nur noch die hinteren Bänke, und wer erst in letzter Minute eintrifft, muss stehen. Ausländischen Besuchern wird angesichts solch eines überfüllten Domes dann leicht klar, warum man gern vom »hillije Kölle« spricht.

Roman Dolecki biegt inzwischen mit dem Wagen vom Hof des Erzbischöflichen Haus nach links in die Kardinal-Frings-Straße – neben ihm Privatsekretär Oliver Boss, im Fond rechts der Kardinal, hinten links Weihbischof Dick, der gleich nebenan wohnt, und den der Kardinal schon von Berlin her kennt. In der Sakristei ist es der Moment, in dem Domvikar Kahle versucht, sich im Trubel der Vorbereitungen Gehör zu verschaffen. Präzise und gelassen gibt er letzte Anweisungen: »Und jetzt gehen wir zum Westportal, um den Kardinal abzuholen«, schließt er seine Erklärungen.

Einzug durch die Himmelspforte

Das geschieht dann auch. In einer langen Reihe, vornweg ein Domschweizer und vier Ministranten mit dem Vortragekreuz, bewegt sich die Gruppe in Richtung Ausgang. Es ist zehn Minuten vor zehn, als Domschweizer Schmitz die

*So kennen ihn die Kölner Katholiken:
Der Kardinal liebt klare Worte, wenn er von
seiner Kanzel im Kölner Dom predigt.*

»Porta coeli«, die »Himmelspforte«, und damit das Haupttor des Domes, aufschließt. Er hat Glück, dass diesmal der Schlüssel nicht abbricht, so wie es vor Jahren einmal passiert ist. »Da ist uns ganz mulmig geworden«, erzählen die Domschweizer gern von dieser Schrecksituation. »Aber wir haben die Tür trotzdem pünktlich offen gehabt, sodass der Kardinal nichts davon mitbekommen hat.«

Wenn die Porta coeli geöffnet ist, schreitet die kleine Abordnung, angeführt vom Domschweizer in seinem traditionellen, roten Mantel mit schwarzem Samtbesatz, in der rechten Hand den Domschweizerstab, über den Domplatz, um den Kardinal von seinem Auto abzuholen, das um diese Zeit vorfährt.

Für Touristen aus aller Welt ist dies stets die Gelegenheit, den Erzbischof aus der Nähe zu betrachten. Japaner zücken ihre Fotoapparate, Spanier und Italiener grüßen winkend, einige bekreuzigen sich und fallen auf die Knie, etliche Kölner beobachten die Szenerie aus der Distanz des Domforums, und Mütter mit Kindern trauen sich näher heran und hoffen, dass der Kardinal sie per Handschlag begrüßt und dem Nachwuchs einmal segnend über das Köpfchen streicht. Sie wissen: das tut er aus Überzeugung gern. Meist haben sie auch Glück und bekommen ein paar freundliche Worte mit auf den Weg, bevor er im Dom verschwindet und sich die »Porta coeli« hinter ihm schließt.

Was im Eingangsbereich des Domes dann geschieht, fasziniert die sich dort drängenden Besucher. Neugierig beobachten sie eine scheinbar nebensächliche und zufällige Handlung, die aber einer alten Tradition entspricht und aufs Genaueste vorgeschrieben ist. Dr. Norbert Feldhoff übt als Dompropst und damit als Vorsitzender des Domkapitels das Hausrecht aus. In dieser Funktion ist es seine Aufgabe, den Kardinal feierlich zu empfangen.

Mit Weihwasser und Weihrauch

Er reicht dem Kardinal das Weihwasser, mit dem sich die Konzelebranten bekreuzigen, und mit dem der Kardinal dann die umstehenden Gläubigen besprengt. Das, was dabei in seiner Hand so aussieht wie ein Wedel, heißt korrekt »Aspergill«. Danach kleidet sich der Kardinal in der Turmkapelle für das Pontifikalamt um. Das heißt, er zieht Rochett (das weiße Gewand über dem Talar) und Mozetta (die rote Pellerine, die über dem Rochett getragen wird) aus und dafür das Schultertuch und die Albe (das weiße Untergewand) an. Er bindet eine weiße Kordel, das Zingulum, um und legt Stola und Messgewand an. Die Küster haben es ihm ausgesucht. »Ein Lieblingsgewand hat er nicht, er nimmt, was wir ihm vorlegen«, sagen sie, wenn man sie fragt. Genaugenommen aber hat er doch zwei Lieblingsgewänder, die er gern an hohen Feiertagen trägt. Es sind die beiden schlichten Gewänder, die Papst Johannes Paul und Papst Benedikt während ihrer Besuche in Köln trugen. Beide Päpste schenkten sie danach den jeweiligen Erzbischöfen, und die wiederum überließen sie dem Dom.

Dabei hätte der Kardinal eine riesige Auswahl. Der berühmteste und schönste Messornat ist zweifellos die »Capella Clementina«, die aus mehreren Gewändern und Zubehörteilen besteht. Ihren Namen erhielt sie nach dem Kölner Kurfürsten und Erzbischof Clemens August von Wittelsbach. Der ließ sie 1742 für die Kaiserkrönung seines Bruders Karl VII. in Paris anfertigen. Das kostbare Kleinod, mit bezaubernder Goldstickerei verziert, bringt 15 Kilo auf die Waage. Später gelangte es nach Köln. Allerdings kommen die Gläubigen bei Gottesdiensten nur selten einmal in den Genuss, einen Blick darauf zu werfen. Der Kardinal trägt es – bei dem Gewicht des Gewandes kein Wunder – allerhöchstens für eine kurze Zeit während der Fronleichnamsprozession. Die dazugehörigen Diakonengewänder werden jedoch regelmäßig an Fronleichnam zur Messe und zur Prozession von den Diakonen des Priesterseminars getragen und bieten ein prachtvolles Bild. Die Aufgabe der Diakone ist es, die Weihbischöfe bei der Prozession zu begleiten und ihnen den Chormantel zu halten. Auf diese Weise bekommen die Kölner doch ein wenig vom Glanz dieser besonderen Gewänder zu sehen. Ansonsten sind ein Chormantel der Capella Clementina sowie fünf Mitren, die zu ihr gehören, in der Domschatzkammer ausgestellt. Man sagt, das Prunkstück aller Messgewänder sei so einzigartig und ehrfurchtgebietend, dass sich nicht einmal die Motten herantrauen.

Die Konzelebranten und die Messdiener haben sich inzwischen aufgestellt. Ein Messdiener kommt mit Weihrauchfass und Schiffchen, und der Kardinal streut Weihrauchkörner auf die glimmende Kohle.

Für die Kölner einer der Höhepunkte des Kirchenjahres: Der feierliche Schlusssegen nach der Fronleichnamsprozession.

Der weiße Rauch quillt aus dem silbernen Fass und steigt in die Nasen.

Im Turm läuten die Glocken. Sie sind drinnen im Dom nur ganz sanft zu vernehmen. Draußen allerdings tönen und singen sie, dass sogar die Steine des Vorplatzes vibrieren. Es gibt viele Kölner, die sonntags eigens wegen dieser Domglocken in die Stadt kommen. Sie wissen: Am besten ist ihr Klang zu hören, wenn sie sich – dem Haupteingang des Domes gegenüber – vor das Domforum stellen. Dort versammeln sie sich dann und lauschen, schauen versunken vor sich auf den Boden, oder sie blicken gebannt – und gerade so, als könnten sie tatsächlich etwas sehen – hinauf zum rechten Glockenturm.

Eingeweihte erkennen sogar an ihrem Klang, ob es sich um die Pretiosa, die Speciosa, die Dreikönigenglocke, die Ursulaglocke, die Josephsglocke, die Kapitelsglocke oder die Aveglocke handelt. Sie unterscheiden auch die Chorglocken im Dachreiter, also die Angelusglocke, die Mettglocke und die Wandlungsglocke. Aber eine der Glocken kennt wohl jeder Kölner sofort. Er weiß, wenn die dunkle, mahnende Stimme der St. Petersglocke erklingt: das ist er, »d'r decke Pitter«. Bis vor kurzem war er mit seinen 24 000 Kilo Gewicht noch die größte freischwingende Glocke der Welt. Aber wie es auch sei: »d'r decke Pitter« ist und bleibt für die Kölner sowieso unerreicht. Zu ihrem größten Bedauern erklingt er allerdings nur an großen Feiertagen. Und das heißt, dass er auch heute nicht zu hören ist.

Dann schlägt die Turmuhr zehn Mal. Brausend hebt die Orgel an, und die Prozession setzt sich in Bewegung in Richtung Hochaltar. Als letzter geht der Kardinal, nach links und rechts segnend. Wieder einmal erlebt die Hohe Domkirche zu Köln ein festliches Pontifikalamt. Und der Erzbischof von Köln weiß, »wofür er eigentlich und ursprünglich da ist«!

Noch einmal Hochbetrieb

Im Erzbischöflichen Haus haben die Schwestern für sieben Personen gedeckt und das Mittagessen auf den Tisch gebracht. Es gibt Rouladen. Sie wissen, dass ihr Chef sie gerne isst, und dass auch die Gäste sie mögen. Zum Nachtisch haben sie Apfelkompott gekocht. Und da sind sie auch schon, pünktlich, wie es die Schwestern gewohnt sind:

der Kardinal und einige seiner Konzelebranten. Noch einmal herrscht Hochbetrieb im Haus – bis sich nach einer gepflegten Tasse Kaffee die Besucher händeschüttelnd verabschieden. »Und nächstes Mal kommen sie zu uns«, rufen sie noch, bevor sie um die Ecke verschwinden.

Danach herrscht Sonntagsstille, zunächst noch unterbrochen vom Klappern aus der Küche, wo Schwester Ingridis und Schwester Radegundis mit dem Abwasch beschäftigt sind. Kardinal Meisner zieht sich zum Beten in die Kapelle zurück. Dann ist auch für ihn »Feierabend« und Sonntagspause. Heute jedenfalls.

Sieben Tage habe ich ihn bei seiner Arbeit begleitet, ihn beobachtet, ihn befragt, zu ergründen versucht, womit ein Kardinal, dieser Kardinal, so alles beschäftigt ist, von dem einige glauben, er gehe nur den ganzen Tag in seinem Garten spazieren und lese die Bibel. Er soll sich jetzt auch von meiner ständigen Gegenwart erholen, also frage ich nichts mehr.

... und morgen ist wieder Montag

Eine neue Woche wird beginnen im Erzbischöflichen Palais an der Kardinal-Frings-Straße. Mit dem Brevier, der Messe, mit einer Tasse Kaffee und einem Apfel zum Frühstück. Im Büro wird der Geheimsekretär Termine verabreden, im Sekretariat werden Telefonate erledigt und Briefe geschrieben. Der Kardinal wird Gäste zum Gespräch empfangen und mit ihnen Probleme erörtern, er wird mit Rom telefonieren, vielleicht auch mit München, Bonn, Berlin und Düsseldorf. Er wird Gemeinden seiner Diözese besuchen, die Messe halten und nicht müde werden zu ermuntern, am Glauben festzuhalten. Er wird in seine kleine Hauskapelle gehen und den Rosenkranz beten. Und so manches Mal wird er wohl noch seinen Lieblingstext in der Bibel – »2. Korinther 4, Vers 8-10« aufschlagen. Nein, er braucht ihn nicht aufzuschlagen, er kennt ihn auswendig und wird ihn wie so oft schon bedenken:

»Von allen Seiten werden wir in die Enge getrieben und finden doch noch Raum; wir wissen weder aus noch ein und verzweifeln dennoch nicht; wir werden gehetzt und sind doch nicht verlassen; wir werden niedergestreckt und doch nicht vernichtet. Wohin wir auch kommen, immer tragen wir das Todesleiden Jesu an unserem Leib, damit auch das Leben Jesu an unserem Leib sichtbar wird.«

WENN DIE DOM-GLOCKEN LÄUTEN | **SONNTAG**

Nach dem sonntäglichen Pontifikalamt im Dom bahnt sich der Kardinal den Weg durch die Menschenmenge zum wartenden Auto.

Wenn ich beschreibe, was der Kardinal am Wochentag tut, dann darf ich hier nicht aufhören. Denn das, was ihn im Kölner Erzbistum beschäftigt, ist nur ein Teil seiner Aufgaben. Es kann sein, dass eine wichtige Konferenz in Mexiko auf ihn wartet. Oder ein Besuch bei Christen in der Türkei, in Benin oder Japan. Es kann aber auch sein, dass in seinem Terminkalender notiert ist: Arbeitsessen bei Papst Benedikt.

Denn es ist kein Geheimnis: Sein zweiter Schreibtisch steht in Rom

Sein zweiter Schreibtisch steht in Rom

KEIN TAG WIE JEDER ANDERE
Ein Kurzbesuch in der Ewigen Stadt

Kardinal Meisner wohnt während seiner Rom-Aufenthalte stets im Gästehaus der Pallottinerinnen. Hier zelebriert er mit seinem Privatsekretär Pfarrer Oliver Boss morgens die heilige Messe.

Der Tag beginnt für Kardinal Meisner wie immer: mit Gebet und heiliger Messe. Doch seine Umgebung sieht diesmal anders aus. Die Wände der Kapelle sind weiß getüncht, die Bänke aus schlichtem Holz. Als einziger Schmuck hinter dem Altar wirkt das Bild des segnenden Jesus ein bisschen verloren. Der Kardinal zelebriert heute früh nicht im Erzbischöflichen Haus in Köln im Schatten der Dom-Türme, sondern im Gästehaus der Pallottinerinnen in Rom, einen Steinwurf weit vom Petersdom entfernt.

Hin und wieder gehört zur Arbeit des Kölner Erzbischofs ein Kurzbesuch in der Ewigen Stadt. »Dort steht mein zweiter Schreibtisch«, sagt er. Denn das, was er in Rom tut, ist ein nicht zu unterschätzender Teil seiner Aufgabe als Kardinal. Und wie häufig tauscht er die Schreibtische? »Das habe ich noch nicht gezählt«, winkt er ab.

Aufbruchstimmung im Erzbischöflichen Haus in Köln

Es herrscht angespannte Betriebsamkeit. Nur der Kardinal ist die Ruhe selbst. »Haben Sie alles eingepackt?« fragt er Schwester Ingridis mehr im Scherz. Er weiß: Schwester Ingridis packt immer mit großer Sorgfalt ein, was er auf seinen Reisen braucht. Für Rom ist es wenig, denn platzeinnehmende Dinge wie eine Soutane sind bereits dort. Sie werden in der Viale delle Mura Aurelie von den Pallottinerinnen aufbewahrt, bei denen er stets sein Quartier nimmt. Also genügt heute eine Reisetasche mit Rasierapparat, Brevier, Arbeitsunterlagen und einem Buch als Einschlaflektüre. Weitere wichtige Kleinigkeiten befinden sich in der Tasche seines ihn begleitenden Privatsekretärs: Geld, Telefonnummern, Handy, Flugtickets, Heiligenbildchen und Pilgerabzeichen zum Verschenken. Bei Reisen zu ferneren Zielen hat er auch einen Ersatz-Pileolus und seine Mitra dabei. Ein Besuch in Rom ist für Kardinal Meisner nicht aufwändiger als eine Visite in Köln-Kalk.

Vor jeder Reise des Kardinals das gleiche Bild: Alle im Erzbischöflichen Haus wollen Abschied nehmen – und ihm eine gute Heimkehr wünschen.

Privatsekretär Pfarrer Oliver Boss hat den Germanwings-Flug um 13.30 Uhr gebucht. Jetzt ist es halb zwölf, und er tut das, was er meistens tut: er telefoniert. Kardinal Meisner unterschreibt noch schnell einige Briefe, die ihm Sekretärin Gisela Thörnig auf den Schreibtisch gelegt hat, bevor sie in der Küche verschwindet. Sie feiert Namenstag, und es ist inzwischen Tradition, dass sie zu diesem Anlass Zwiebelkuchen backt. Fünf Minuten später sitzen alle am festlich gedeckten Tisch. »Greifen Sie zu«, ermuntert der Kardinal die Runde. Für die Rom-Reisenden – das sind der Kardinal, sein Privatsekretär Pfarrer Oliver Boss, Fotograf Robert Boecker und ich – ist es eine letzte Stärkung vor dem Start.

Viel Zeit bleibt uns für den Zwiebelkuchen allerdings nicht. Roman Dolecki, der Fahrer des Kardinals, deutet auf seine Armbanduhr. Wir müssen aufbrechen. Den Wagen hat er bereits vorgefahren und das Gepäck im Kofferraum verstaut. Dann stehen alle zum Abschied aufgereiht im Flur: die Sekretärinnen Gisela Thörnig und Doris Müller, Ewa Dolecki und die beiden Ordensschwestern Ingridis und Radegundis. »Das machen wir immer so, wenn unser Chef verreist, denn er soll wissen, wo er zu Hause ist«, sagt Radegundis, als ich mich über den »großen Bahnhof« wundere. »Gottes Segen, gute Reise, kommen Sie gesund wieder.« Schließlich winken alle, bis unser Auto den Hof des Erzbischöflichen Hauses verlassen hat.

Nicht ohne Reisesegen

»Unter deinen Schutz und Schirm fliehen wir, o heilige Gottesgebärerin …«. Wohl nie würde der Kardinal am Anfang einer Fahrt vergessen, den Reisesegen zu beten. »In Rom ist es bewölkt, und wahrscheinlich regnet es, wenn wir ankommen«, sagt Pfarrer Boss bedauernd, denn in Köln herrscht zu unserem Abschied strahlender Sonnenschein. Am Köln-Bonner Flughafen angekommen, dürfen wir gleich zum Abflug gehen. Wir sind bereits per Computer eingecheckt, und außerdem haben wir nur Handgepäck dabei. Das erspart bei der Ankunft in Rom das oft stundenlange Warten auf die Koffer. So stehen wir kurze Zeit später bereits vor der Abflugkontrolle in der Schlange, sortieren Jacke, Uhr, Gürtel und Geld in die bereitstehenden grauen Kästen und schieben die Taschen durch das elektronische Prüfgerät.

Als das Gepäckstück des Kardinals an der Reihe ist, stockt plötzlich der Betrieb. »Dürfen wir das

Ob er wohl Waffen in der Reisetasche hat? Natürlich nicht. Die Bediensteten der Gepäckkontrolle interessieren sich für sein Bischofskreuz.

bitte mal sehen?« fragt eine der Kontrolleurinnen – offensichtlich nicht, weil sie das, was sich da auf dem Röntgenschirm abzeichnet, für eine gefährliche Watte hält. »Das ist mein Bischofskreuz!« Kardinal Meisner holt es aus der Reisetasche, und alle umringen ihn neugierig. Wann bietet sich ihnen schon mal die Gelegenheit, solch ein Kreuz aus der Nähe zu betrachten. »Es ist aus Silber, anthrazitfarben getönt. Die Vorderseite zeigt das Triduum Sacrum: Karfreitag, Karsamstag und Ostersonntag. In die Kreuzbalken ist das Geheimnis von Karfreitag eingraviert – »Amor extasim facit« – Liebe geht ins Extrem. Es ist ein Wort des Areopagiten, der um 500 nach Christus lebte und Bischof von Athen gewesen sein soll«, erklärt ihnen der Erzbischof.

»Und warum rahmen Perlen das Oval in der Mitte ein?« fragt einer, sichtlich angetan, den Erzbischof von Köln vor sich zu haben. »Perlen sind Tränen und symbolisieren den Karsamstag, den Tag der Gottesferne«, erläutert Kardinal Meisner geduldig weiter. Inzwischen haben sich auch einige Reisende hinzugesellt, und die Gepäckkontrolle wird zum kleinen Religionsunterricht. »Die Dreifaltigkeit in der Mitte stellt das Ostergeheimnis dar. Aber da es sich uns vorerst nur im Glauben erschließt, ist darüber ein Bergkristall gelegt, so dass man es wie durch einen Schleier wahrnimmt.« Das Kreuz geht jetzt von Hand zu Hand.

Warum fliegen die jungen Leute nach Rom? Kardinal Meisner will es genau wissen und lässt es sich vor dem Abflug von ihnen erklären.

Glaubensgespräche auf der Straße

»Ich werde unterwegs oft von Mitreisenden angesprochen, weil sie meinen Priesterkragen sehen«, sagt Kardinal Meisner. »Und manches Mal entwickelt sich daraus eine Unterhaltung über den Glauben. Es sind oft Menschen, die lange nicht mehr den Weg in eine Kirche gefunden haben. Daher halte ich es für wichtig, dass Priester an der Kleidung zu erkennen sind. Als ich vor einigen Wochen in Köln einen kleinen Abendspaziergang unternahm, standen Jugendliche an einer Kreuzung. Als sie mich sahen, sangen sie – wahrscheinlich, um mich auf den Arm zu nehmen: Lasset uns beten. Ich bin auf sie zugegangen, habe die Hände gefaltet und gebetet: ›Herr, du bist immer zu sprechen, bei dir braucht man keine Termine zu beantragen. Jetzt hast du uns hier zusammengeführt, und die Jugendlichen bitten mich, mit ihnen zu beten.‹ Einer nach dem anderen hat dann die Hände gefaltet, und als ich sie zum Schluss segnete, machten drei von ihnen das Kreuzzeichen. Da habe ich sie ermuntert: ›kommt mich besuchen, dann beten wir gemeinsam.‹«

Eine Schönstatt-Schwester und ein indischer Priester haben den Erzbischof von Köln unter den Wartenden entdeckt und begrüßen ihn. Auch einige Jugendliche umringen ihn, und er fragt sie, was sie nach Rom führt. Doch der Lautsprecher unterbricht bald die angeregte Unterhaltung, und es heißt einsteigen. Pfarrer Boss hat die zweite Reihe reserviert. Er selbst bleibt am Gang, ich nehme in der Mitte Platz und der Kardinal setzt sich ans Fenster. Routinemäßig erklärt die Stewardess Schwimmweste und Sauerstoffmaske. »Ich dachte immer, das sei völlig überflüssig«, erzählt Kardinal Meisner. »Aber vor einigen Jahren auf einem Flug nach Wien fielen plötzlich die Sauerstoffmasken aus der Decke. Die meisten Passagiere hielten dies zunächst für ein Versehen. Doch es war ernst.« In der allgemeinen Panik, die daraufhin ausbrach, habe er sein Bischofskreuz hochgehalten und gerufen: »Keine Angst, wir sind alle in Gottes Hand.« Nachdem die Maschine in Frankfurt notgelandet war, hätten sich die Mitreisenden bei ihm erleichtert bedankt. »Ich kann aber nicht immer mitfliegen«, habe er ihnen zum Abschied gesagt.

Die Mutter Gottes als Trost

Unser Flugzeug startet. Kardinal Meisner nimmt sein Brevier aus der Tasche und betet. »Sehen Sie«, sagt er nach einer ganzen Weile. »Dieses Heiligenbildchen hat schon Papst Johannes Paul II. in seinem Brevier aufbewahrt.« Nach seinem Tod habe Privatsekretär Stanislaw Dziwisz es ihm geschenkt. Es zeigt die Gottesmutter des polnischen Wallfahrtsortes Kalvaria Zebrzydowska, etwa zehn Kilometer von Wadowice entfernt. Dort gibt es ein Franziskanerkloster mit einem Kreuzweg. Dieser Ort habe für Johannes Paul II. stets eine besondere Bedeutung gehabt. Nach dem Tod seiner Mutter nahm der Vater den kleinen Karol als Kind oft zu diesem Heiligtum mit und tröstete ihn: Die Mutter Gottes ist jetzt deine Mutter. Auch später, als er längst Kardinal von Krakau war, sei er immer nach Kalvaria Zebrzydowska gepilgert, wenn ihm einer seiner Priester Kummer bereitete und ihm das Herz schwer war. Auch als Papst sei er während seiner Besuche in Polen oft dort gewesen.

Kardinal Meisner legt das Bild wieder in sein Brevier. »Immer wieder hat er mich zu einer Wallfahrt zu dieser Muttergottes von Kalvaria Zebrzydowska ermuntert«, fügt er nachdenklich an. »Leider habe ich erst im Jahr nach seinem Tode dazu die Zeit gefunden und dort zu seinem Andenken einen Gottesdienst gefeiert – mit einer halben Million Menschen.«

Die Stewardessen bieten Erfrischungen an, Privatsekretär Oliver Boss spendiert einen Cappuccino, und wir kommen noch einmal auf das Bischofskreuz zu sprechen. Wie sich herausstellt, hat es eine abenteuerliche Entstehungsgeschichte, für die an der Gepäckkontrolle natürlich nicht die Zeit reichte. »Zu verdanken habe ich es einem guten Freund, dem damaligen Bischof Rintelen von Magdeburg«, erzählt Kardinal Meisner. »Er wollte mir ein Brustkreuz schenken, und auf meinen Wunsch hin sollte es die Kölner Künstlerin Hildegard Domitzlaff entwerfen.« Doch die Fertigung geriet mitten hinein in die damalige Ölkrise. Die Preise stiegen, und Bischof Rintelen, in der DDR mit weltlichen Gütern nicht gerade gesegnet, zog den Auftrag zurück und vertröstete Meisner: Wenn ich gestorben bin, bekommst du mein Kreuz. Von da an entschuldigte sich Bischof Rintelen jedes Mal, wenn sich die beiden trafen, dass er immer noch lebe. Die Geschichte endete, indem Kardinal Meisner eines Tages zwei Kreuze besaß. Die Künstlerin hatte den Auftrag trotzdem ausgeführt und ihm das Kreuz geschenkt. Und als Bischof Rintelen starb, erhielt Meisner, wie versprochen, auch noch sein Kreuz.

Über Schleichwege zum Vatikan

Es ist 15 Uhr, und wir sind im Landeanflug auf Rom. »Der Papst erwartet Sie um 19 Uhr zum Abendessen«,

So etwas gibt es wahrscheinlich nur in Kasachstan: Eine Mutter mit ihren Töchtern – alle leben als Nonnen in einem Kloster.

erinnert Pfarrer Boss seinen Chef. »Und morgen sind Sie um zehn Uhr in der Gottesdienstkongregation verabredet. Wenn möglich, sollten wir vorher noch zum Ufficio Filatelico gehen, denn nachher werden wir keine Zeit dazu haben.« Solch ein Tag in Rom ist stets mit Terminen vollgepackt, denn in der kurzen Zeit soll möglichst viel erledigt werden. Das Anschnallzeichen leuchtet auf, und unsere Maschine taucht in tiefhängende graue Wolken. Nach der Landung zahlt es sich aus, dass wir nur Handgepäck bei uns haben. In wenigen Minuten sind wir am Ausgang, wo Don Luciano, ein Freund des Kardinals und Mitarbeiter der Kurie, mit seinem Wagen auf uns wartet. Wir zwängen uns zu viert samt Reisetaschen in das kleine Auto, das der Monsignore geschickt und schnell über Schleichwege durch die Via Aurelia Antica Richtung Vatikan steuert.

»Bei einem Besuch in Kasachstan dachte ich einmal, ich sehe nicht richtig«, lacht Kardinal Meisner. »Als ich nachts um zwei Uhr in Astana ankam, wartete der dortige Bischof mit einer riesigen schneeweißen

Zu Hause isst er spartanisch nur einen Apfel zum Frühstück – in Rom darf es da schon mal ein frisches Brötchen sein.

Limousine, die eher zu einem Mafia-Boss gepasst hätte.« Da soll ich tatsächlich einsteigen? habe er zweifelnd gefragt. Doch der Bischof habe ihn beruhigt. In Kasachstan sei es wichtig, sich möglichst bedeutsam zu präsentieren, wenn man respektiert werden wolle. Mit anderen Worten: Man müsse dick auftragen. Das Auto sei allerdings geliehen. Und am nächsten Morgen staunte Kardinal Meisner wiederum. Nach einer knappen Nachtruhe von kaum drei Stunden sei er abgeholt worden, um zu einem Kloster zu fahren. »Dort wurden mir neun Nonnen vorgestellt – es waren acht leibliche Schwestern mit ihrer Mutter. Und zwei Söhne waren Priester.«

Die Kuppel des Petersdomes kommt in Sicht. »Hier links ist die russische Botschaft.« Der Erzbischof zeigt auf ein stattliches Gebäude. »Es erinnert mich jedes Mal daran, dass ich als Schüler in der DDR einen Tag im Gefängnis zugebracht habe, weil ich nicht Russisch lernen wollte.« Wir fahren um einige Kurven und danach, auf der Rückseite des Gianicolo, auf halber Höhe der Viale delle Mura Aurelie, sind wir am Haus der Pallottinerinnen angelangt. Die Schwestern freuen sich und verteilen die Zimmerschlüssel. »Ich ruhe mich noch einen Augenblick aus«, verabschiedet sich Kardinal Meisner. Zum Abendessen bei Papst Benedikt ist er ganz allein eingeladen. – Wir drei anderen trösten uns bei Pasta und italienischem Wein.

Der Papst und der Kniefall

Die Sonne scheint von einem stahlblauen Himmel, als wir uns am Morgen nach der Messe zum Frühstück treffen. »In Rom esse ich morgens immer ein Brötchen«, sagt Kardinal Meisner fast etwas entschuldigend und greift zu einer der Riesensemmeln, die jedoch mehr Luft als Teig sind. Wir sind gespannt und neugierig und können es kaum erwarten: »Wie war es gestern Abend beim Papst?« wollen wir von ihm wissen. »Es gab eine legierte Suppe und danach eine Scheibe Kalbsnierenbraten mit Möhren«, lenkt der Kardinal amüsiert ab, denn er weiß wohl, was wir gerne hören würden. Aber über den Inhalt seiner Gespräche mit dem Heiligen Vater sagt er nie etwas. Nur so viel verrät er, dass er auch diesmal wieder seinen Ring geküsst und ihn mit einem Kniefall begrüßt hat, und dass der Papst ihn ermahnt habe, dies doch zu lassen. »Aber ich sage ihm dann jedes Mal: Heiliger Vater, das lasse ich nicht, damit ich nicht vergesse, dass du der Papst bist – und damit du das auch nicht vergisst.« Daraufhin habe der Papst ihn geneckt: Ich weiß ja, dass du bei der Kniebeuge keine Schwierigkeiten hast. Und er habe zugegeben: Vor einem halben Jahr hatte ich auch noch keine…

Wäre dies vielleicht ein Stichwort für Kardinal Meisner gewesen, dem Papst unter vier Augen anzutragen, ihn – trotz der noch funktionierenden Kniebeuge – zu seinem 75. Geburtstag (am 25. Dezember 2008) von seinen Pflichten zu entbinden? Denn normalerweise müssen Bischöfe zu diesem Zeitpunkt ihren Rücktritt einreichen. Aber wahrscheinlich hätte Papst Benedikt daran erinnert, dass er, der Kölner Kardinal, es war, der ihn, den damaligen Kardinal Ratzinger, immer wieder ermuntert hatte, sich noch nicht zurückzuziehen, weil die Kirche ihn dringend brauche. – Ob dieses Thema zur Sprache kam? Kardinal Meisner verrät es nicht.

Vielleicht aber, nehmen wir mal ganz einfach an, hat Kardinal Meisner den Heiligen Vater über die Fortschritte seiner jüngsten, die Weltkirche betreffenden Initiative unterrichtet. Sie geht zurück in die Zeit der Auseinandersetzungen um den Bau einer Moschee in Köln. Zu diesem Zeitpunkt hatte er sich in einem Brief an den türkischen Ministerpräsidenten Erdogan gewandt und ihn gebeten, die Bemühungen um den Bau einer Kirche in Tarsus, dem Geburtsort des Apostels Paulus, zu unterstützen – oder aber das

Für den Kardinal nach langer Fahrt eine kleine Erfrischung am Paulus-Brunnen, der in Tarsus an den berühmten Völker-Apostel erinnert.

vom türkischen Staat in Besitz genommene alte Gotteshaus wieder seiner ursprünglichen Nutzung zuzuführen. Denn Papst Benedikt hatte zum 2000. Geburtstag des Apostels Paulus das Jahr 2008 zum Gedenkjahr ausgerufen.

Ein Gewinn für die Christenheit

Die Idee war Kardinal Meisner im Jahr 2007 bei einer Reise in die Türkei gekommen. Der Bischof von Anatolien, Luigi Padovese, hatte ihm die historischen Orte des frühen Christentums gezeigt. Dazu gehörte Antakya, die Wirkungsstätte des heiligen Petrus, der einst Bischof von Antiochien war, wie Antakya einmal hieß. Nach einem ökumenischen Gottesdienst an der Petrusgrotte mit den dortigen orthodoxen Christen ging es nach Tarsus, dem Geburtsort des heiligen Paulus. Doch die einstige antike Hafenstadt bestand hauptsächlich aus Ruinen, Distelfeldern und Ödland, auf dem ein paar Schafe nach Nahrung suchten. An den großen Völkerapostel erinnert heute lediglich ein alter Brunnen. Übrig geblieben ist auch eine Kirche aus der Kreuzfahrerzeit. In ihr feierte der Kardinal eine Messe – zur Freude der wenigen Christen, die es in Tarsus noch gibt. Es sind ein betagter Kapuzinerpater und drei italienische Nonnen, denen es allerdings verboten ist, Ordenstracht zu tragen.

»Es wäre ein Gewinn für die ganze Christenheit, wenn hier wieder eine Kirche, vielleicht sogar ein Pilgerzentrum, entstehen könnte«, kam Kardinal Meisner damals die Idee, und seitdem verfolgt er dieses Ziel beharrlich und mit ernsthaftem Einsatz. – War das wohl ein Thema gestern Abend? Der Kardinal schweigt. Nur so viel verrät er noch: Zum Abschied habe er dem Papst gedankt: »Du hast mich mit

*Kleiner Plausch am Rande:
Für die Schweizer Garde ist der
Kölner Kardinal ein alter Bekannter.*

Abendessen und Brüderlichkeit gestärkt. Jetzt segne bitte mich und die ganze Erzdiözese Köln.«

Die Frühstücksbrötchen sind verspeist, der Kaffee ist getrunken, und Pfarrer Boss holt den Terminplan für den heutigen Tag in Rom aus der Tasche. Wenige Minuten später sind wir zu Fuß unterwegs – die Viale delle Mura Aurelia hinunter, durch den Fußgängertunnel hindurch und hinein in den Vatikan. Die Schweizer Gardisten kennen den Kölner Kardinal. Sie grüßen zackig und knallen mit den Hacken, dass ich vor Schreck zusammenzucke. Wir lassen den Campo Santo links liegen, ebenso die Audienzhalle Paul VI., und wandern auf die vatikanischen Gärten zu. »Hier rechts sehen Sie Edith Stein«, macht uns der Kardinal auf die Skulptur aufmerksam, die in der letzten Außenkonche der Petersbasilika aufgestellt ist und von Papst Benedikt im Jahr 2006 geweiht wurde.

Köln sei am Zustandekommen dieses Denkmals nicht ganz unbeteiligt. Denn der Künstler Paul Nagel, der die Statue aus echtem Carrara-Marmor als »Patronin Europas« schuf, kommt aus Wesseling bei Köln. Auch der Mäzen, dem die Finanzierung zu verdanken ist, wohnt in der Erzdiözese Köln, stammt jedoch – wie der Erzbischof und auch Edith Stein –

Diese Kirche in Tarsus, dem Geburtsort des heiligen Paulus, stammt aus der Kreuzfahrerzeit und zeugt von der einstigen Präsenz des Christentums in dieser Gegend.

aus Breslau. Nicht weit vom Erzbischöflichen Haus in Köln entfernt befindet sich ebenfalls ein Denkmal, das an die große Heilige erinnert, die als Jüdin zum Christentum konvertierte, als Schwester Teresia Benedicta a Cruce in den Kölner Karmel eintrat, später in Auschwitz umkam und von Papst Johannes Paul II. 1998 heilig gesprochen wurde.

Briefmarken vom Papst

Wir sind inzwischen vor dem riesigen Papstwappen angelangt, das Gärtner des Vatikans aus Tausenden bunten Blumen gepflanzt haben. Gleich dahinter befindet sich das Governatorato, die Regierung des Vatikanstaates. »Ufficio Filatelico e Numismatico« lese ich über dem Eingang links. Der Kardinal als Briefmarkensammler? »Nein, nur die Marken vom Pontifikat Papst Johannes Pauls II. habe ich gesammelt, aber sie sind längst als Geschenk in Polen gelandet. Jetzt interessieren mich die vom Pontifikat Papst Benedikts.«

Marion Gudrun Schwaneberg-Peretti freut sich über den frühen Besuch und holt die neuesten Kataloge hervor. Mit Kardinal Meisner hat sie über die Briefmarken hinaus eine weitere Gemeinsamkeit: die Heimat Schlesien. Zwar wurde sie selbst in Hannover geboren, doch ihre Mutter stammt aus Münsterberg. Das verbindet natürlich, und es gibt immer eine Menge zu erzählen. Auch Vize-Amtsleiter Dr. Mauro Olivieri eilt zur Begrüßung herbei. Er weiß: Wenn der Kölner Kardinal in Rom ist und es seine Zeit erlaubt, schaut er gern mal rein, auch dann, wenn es – wie heute – bedeutet, diesen Termin noch vor alle anderen zu legen.

Der Rückweg führt uns wiederum am gepflanzten Papstwappen vorbei und durch einen schmalen Hintereingang in den Petersdom bis vor den Papstaltar. Wir haben es leichter als die vielen Touristen, die sich bereits zu dieser frühen Morgenstunde zu Hunderten an den Sicherheitskontrollen drängeln, um eingelassen zu werden. »Ich gehe jetzt beichten«, verabschiedet sich der Kardinal von uns. »Treffen wir uns um zehn bei Pius X.«! Dann ist er im Gewühl der Basilika verschwunden. Das Grabmal Pius X. ist für Kardinal Meisner ein ganz besonderer Platz im Petersdom. Zum einen feiert er hier gern die Messe – mit dem Primizkelch seines Freundes Bischof Lazlo aus dem Burgenland, der diesen Kelch dem Altar vermacht hat. »Pius X.« war auch schon der Treffpunkt für Bischof Hugo Aufderbeck, der Meisner 1975 zu einem Rom-Besuch mitnahm, nachdem der Papst ihn zum Weihbischof von Erfurt-Meiningen ernannt hatte. Beinahe aber wäre aus einem ersten Zusammentreffen mit dem Heiligen Vater nichts geworden. Denn Meisner

Interessiert sich für Briefmarken vom Pontifikat Papst Benedikts: Kardinal Meisner lässt sich von Marion Gudrun Schwaneberg-Peretti die neuen Kataloge zeigen.

war zu diesem Zeitpunkt zwar ein ernannter, aber noch nicht geweihter Bischof und daher nicht entsprechend eingekleidet. Als Retter in der Not sprang Bischof Gerhard Schaffran von Dresden-Meißen ein. Er half mit seinen Sachen aus.

»Hier gehörst du hin«

Gern erzählt der Kardinal, wie sehr ihn der Petersdom beeindruckte, als er ihn 1975 zum ersten Mal sah. »Mensch, hier gehörst du hin. Hier ist Petrus«! habe er gedacht, als er die Kuppel von weitem erblickte. Es sei für ihn ein großes Erlebnis gewesen, vor dem Petrusgrab seinen Treue-Eid als Bischof abzulegen. Den erneuere er jedes Mal, wenn er im Petersdom sei.

Wir kämpfen uns durch den nicht enden wollenden Strom der Touristen bis zum Grabmal Pius X.. Dort treffen wir den Kardinal ohne Schwierigkeiten pünktlich wieder. »Als Adolf Kolping im Jahr 1991 selig gesprochen wurde, waren die strengeren Einlass-Kontrollen vor dem Petersdom noch ungewohnt und dementsprechend langsam«, erzählt er. »Das bekam ich zu spüren, als ich nach den Seligsprechungsfeierlichkeiten für die große Kolpingsfamilie am Papstaltar die Messe feiern sollte. Eine viertel Stunde vor Beginn stellte ich zu meiner Verwunderung fest, dass der riesige Petersdom noch so gut wie menschenleer war.« Ein Blick nach draußen – und Kardinal Meisner sah, warum: die Kontrollen hielten seine Messe-Besucher auf. Spontan sei er zu ihnen gegangen und habe sie ermuntert, über die Barrikaden zu klettern und den Petersdom zu erstürmen, was die auch sofort taten, so dass die Messe pünktlich beginnen konnte. »Wenn der Papst erschossen wird, zahlt Köln das Konklave«, habe er den entsetzten Wachmännern zugerufen. Und als die Feier zuende war, habe er dem Papst erklärt: »Jetzt habe ich viel Geld verdient, denn du lebst noch, und Köln muss kein Konklave zahlen.«

Es wird höchste Zeit für den nächsten Termin. Der findet in einem der prächtigen Gebäude gleich zu Beginn der Via della Conciliazione statt. Der Kölner Erzbischof ist seit 25 Jahren Mitglied der Kongregation für den Gottesdienst- und die Sakramentenordnung und Präsident einer Gruppe deutschsprachiger Bischöfe, der »Ecclesia Celebrans«, die verantwortlich zeichnet für die neue Übersetzung des Messbuches.

„Hier ist Petrus, hier gehörst du hin!" dachte Kardinal Meisner, als er zum ersten Mal nach Rom kam.

Heute ist er mit Monsignore Dr. Stefan Hünseler, einem Kölner Priester in der Kongregation für Liturgie und Sakramente, verabredet. Als wir im ersten Stock aus dem Fahrstuhl steigen, kommt uns Kurienkardinal Francis Arinze, der Leiter der Kongregation, entgegen. Und nach einer freundschaftlichen Begrüßung schließen sich hinter ihm und dem Kölner Kardinal die Türen. Eine längere Konferenz steht an.

Giuseppina und der Kardinal

»Es war ganz schön anstrengend heute morgen«, berichtet der Kardinal, als wir ihn am frühen Nachmittag bei »Pane e Dolci« wiedersehen. An der Eingangstür zu der kleinen Imbiss-Ecke schräg gegenüber dem Heiligen Offizium hängt sein Foto, denn Chefin Giuseppina hat den Kölner Kardinal ins Herz geschlossen. Freudig kommt sie hinter dem Tresen hervor und begrüßt ihn stürmisch. Dann bringt sie ihm ein mit Schinken, Käse, Gurken und Tomaten belegtes Riesenbrötchen. Und auch wir profitieren von ihrer Sympathie für den Kardinal, indem sie uns nicht minder köstliche Brote bereitet. »Während des Konklaves hat sie mir eine solch große Tüte mit Spezialitäten ihrer Küche mitgegeben, dass ich sämtliche

Mitbrüder hätte versorgen können«, erinnert sich Kardinal Meisner. Aus einer geruhsamen Mittagspause wird nichts. Touristen haben den Kölner Kardinal entdeckt und begrüßen in freudig. »Woher kommen Sie«? fragt er und schüttelt Hände. »Aus Kroatien«, lautet die Antwort. Andere sind aus Mainz, aus Köln, aus Österreich. »Wir freuen uns, Sie einmal persönlich zu treffen«, strahlen sie. Fünf Tische weiter winkt jemand fröhlich herüber. »Das ist Bischof Müller von Regensburg«, stellt Pfarrer Boss fest. Kardinal Meisner lässt Brötchen Brötchen sein. »Ich geh' mal für ein paar Minuten 'rüber«, entschuldigt er sich und ist für die nächste viertel Stunde weg. Das Handy klingelt, und Pfarrer Boss holt den Chef zurück. »Der deutsche Botschafter in Ankara ist am Telefon«, erklärt er. Konzentriert hört Kardinal Meisner eine Weile zu. »Das ist eine gute Nachricht, ich danke Ihnen«, sagt er und sieht zufrieden aus, als er das Gespräch beendet. »Ging es um Tarsus?« fragen wir nur, und er nickt. »Wenn wir pünktlich bei Gammarelli sein wollen, müssen wir jetzt den Bus nehmen«, mahnt Pfarrer Boss, noch bevor wir den letzten Bissen gegessen haben. Kardinal Meisner will die Zeit in Rom diesmal dazu nutzen, sich eine neue Soutane anfertigen zu lassen. »Gammarelli kostet mich

immer Überwindung«, seufzt er, als wir zur Haltestelle eilen. Trotzdem ist er seit 1975 dort Stammkunde, denn: »Die haben seit mehr als 30 Jahren meine Maße!«

Päpstliche Waden und Socken

Wir verlassen den Autobus am »Katzenforum«, gehen am lachenden Elefanten vorbei und steuern auf das Geschäft an der Seite der Päpstlichen Diplomatenakademie zu. Wenn die Bezeichnung »vornehmes Understatement« passt,

Wiedersehensfreude in der Imbiss-Ecke »Pane e Dolci«. Chefin Giuseppina hat den Kölner Kardinal seit vielen Jahren ganz besonders in ihr Herz geschlossen.

dann ganz sicher zu »Gammarelli«. Von außen fällt der Laden durch Unauffälligkeit auf. Wer ihn nicht kennt, läuft vorbei. Gammarelli, in der Nähe der Piazza Navona im Schatten des Pantheon gelegen, ist ein Traditionsunternehmen, das für Kardinäle, Bischöfe und Priester aus der ganzen Welt arbeitet, und das seit 300 Jahren den Auftrag hat, die Soutane für den neu gewählten Papst zu liefern.

oben: Gediegene Eleganz und vornehmes Understatement: der Papst- und Priesterausstatter Gammarelli liebt es unauffällig.

Unten: In der Auslage des Schaufensters: Pileolus, Schuhe und Socken für höhere Würdenträger.

Wenn ein Papst gestorben ist, darf das neue Gewand einen Tag lang im Schaufenster ausgestellt werden. Danach wird es zur Sixtinischen Kapelle gebracht, damit es nach der Wahl dem Neuen angelegt werden kann. Eingeweihte wissen: Seit Papst Johannes XXIII. wegen seiner Leibesfülle nicht in die Soutane hineinpasste, so dass sie in aller Eile aufgetrennt werden musste, fertigt Gammarelli vorsichtshalber jeweils drei neue Soutanen an: eine für einen schlanken, eine für einen breiten und eine für einen mittleren Körperbau. Bei Papst Benedikt soll das Gewand etwas zu kurz geraten sein. Beim Anblick päpstlicher Waden und Socken, die unter der Soutane hervorschauten, sei der damalige Papstsprecher Joaquin Navarro Valls »ganz entsetzt« gewesen. Dass Papst Benedikt nicht bei Gammarelli, sondern weiterhin bei Raniero Mancinelli anfertigen lässt, ist jedoch darauf zurückzuführen, dass er seinem bisherigen Schneider die Treue hält.

In der Auslage des Schaufensters fallen mir vor allem Socken mit dem Goldaufdruck »Gammarelli« auf. Sie sind in der Farbe auf die unterschiedlichen Ränge von geistlichen Würdenträgern abgestimmt.

Als wir das Geschäft betreten, staune ich über die schmucklose Ladentheke aus dunklem Holz und die hohen Regale, die bis unter die

Seniorchef Gammarelli legt Wert darauf, bei seinem berühmten Kölner Kunden persönlich maßzunehmen für die neue Soutane.

Diese Soutane war für Kardinal Meisner offensichtlich etwas zu kurz. Aber es war ja auch nicht seine eigene, sondern ein indischer Priester hatte sie ihm geliehen.

Decke reichen, und in denen wertvolle Tuche liegen. Einen Computer suche ich vergeblich. An der Wand hängen Fotos der Päpste. Nach ein paar freundlichen Begrüßungsworten wird der Kölner Kardinal in eine kleine Kammer geleitet. Senior-Chef Gammarelli persönlich nimmt die Maße. Und nach einer ganzen Weile, nachdem alle Einzelheiten geklärt sind, wird der Auftrag handschriftlich in einem dicken Buch notiert. Der Kardinal hat Glück. In acht Monaten, so erfährt er, sei die Soutane fertig. Andere warten schon mal ein Jahr – oder länger.

Während einer Indienreise war Kardinal Meisner viel schneller zu neuer priesterlicher Kleidung gekommen. Es begann damit, dass der Kölner Kardinal für tropischheiße Temperaturen nicht passend ausgerüstet war und sich von einem indischen Priester eine weiße Soutane leihen musste. Doch die war viel zu kurz, so dass er darin aussah »wie ein Storch im Salat«, erinnert sich Generalvikar Dr. Dominik Schwaderlapp, der damals noch als Privatsekretär des Kardinals dabei war. Die Inder wollten sich jedoch als perfekte Gastgeber erweisen und überreichten Meisner am nächsten Morgen gleich zwei passende Soutanen. Buchstäblich über Nacht hatten indische Schwestern sie genäht.

Mit einer Waffel in der Mitte

»Das wäre also geschafft«, stellt der Erzbischof fest und atmet erleichtert auf. Er meint damit offensichtlich die Prozedur bei Gammarelli. Und dann sagt er das »erlösende Wort«, das unsere ungeteilte Zustimmung findet: »Jetzt haben wir uns eine

Wer viele Stunden zu Fuß in den Straßen Roms unterwegs ist, hat sich ganz bestimmt einen guten Cappuccino verdient.

Portion Eis verdient!« Er steuert auf das Eiscafe Giolitti zu. Und während eine Schar von Touristen aus Hamburg den Kölner Kardinal neugierig umringt, übernehmen Pfarrer Boss und Fotograf Robert Boecker die Aufgabe, für uns das Eis zu kaufen. Doch nach einer halben Stunde sind sie immer noch nicht wieder da. Als sie schließlich – beladen mit Vanille- und Erdbeereis – an unseren Tisch kommen, scheinen sie recht erschöpft. Sie waren die Letzten in einer Warteschlange von 40 Schulkindern gewesen... Umso dankbarer genießen wir unser Eis. »Hier muss ich immer an Pater Werenfried van Straaten denken, den Gründer von Kirche in Not«, erzählt der Kardinal. »Ich war ein armer DDR-Bischof, als ich ihm bei einem Rom-Besuch gestand, dass ich mich gerne einmal an Eis satt essen würde.« »Das lässt sich machen«, habe der nur gesagt und dem Berliner Bischof Meisner spontan eine riesige Portion spendiert – »mit einer großen Waffel in der Mitte.«

Er werde auch nie vergessen, wie beeindruckt er war, als er 1973 zum ersten Mal die DDR verlassen und als Beauftragter der Berliner Bischofskonferenz für die Einführung des ständigen Diakonats zu einer Tagung nach Wien in den Westen reisen durfte. Gleich am Bahnhof habe er staunend vor dem Gemüse- und Obstangebot eines Geschäftes gestanden. »Ich konnte nicht widerstehen und habe mir fünf Bananen gekauft und sie auch alle sofort gegessen«, erzählt er. Daraufhin habe die Verdauung mehrere Tage lang gestreikt. Retter in der Not sei die Sennerin Veronika gewesen, die er bei einer Wanderung auf einer Alm getroffen

EIN KURZBESUCH IN DER EWIGEN STADT | KEIN TAG WIE JEDER ANDERE

Über mangelnden Besuch bei den Messen braucht Kardinal Meisner sich in Indien nicht zu beklagen.

habe. »Da müssen Sie Buttermilch trinken«, habe sie geraten und ihm ein großes Glas davon eingeschenkt. »Dankbar bete ich seitdem an jeder sechsten Kreuzwegstation ganz besonders für Veronika«, ergänzt Kardinal Meisner lachend. »Und wenn Veronika auf ihrer Alm Besucher aus Berlin antrifft, lässt sie mich jedes Mal grüßen.«

Kurze Zeit später befinden wir uns wieder im Gewühl der engen Gässchen. Eine Gruppe Touristen aus Mainz hat den Kölner Erzbischof entdeckt und würde ihn am liebsten in ein längeres Gespräch verwickeln. Doch der nächste Termin steht an, und wir müssen weiter. Ob er nach solch langen Tagen mit anstrengenden Gesprächen und Konferenzen nicht müde sei, will ich wissen, denn ich merke inzwischen meine Beine und würde mich am liebsten ausruhen. »Nein«, sagt er. »Es gibt viel anstrengendere Tage als diesen heute.« In Ländern des Südens dauerten Gottesdienste oft drei bis vier Stunden – und dies bei tropischer Hitze ohne Klimaanlage. »Ich erinnere mich an einen Tag in Südindien, an dem zwei große Gottesdienste an zwei weit auseinanderliegenden Orten angesetzt waren, jeweils mit mehreren tausend Teilnehmern. Dazwischen lagen noch sechs bis sieben Besichtigungen und Besuche von kirchlichen Einrichtungen, ebenfalls jeweils mit einem kleinen Besuchsprogramm. Und als wir am späteren Abend nach längerer Fahrt ein soeben mit Kölner Hilfe fertiggestelltes Kloster erreichten, ging es erst richtig los. Die guten Schwestern hatten entgegen der Absprache zur Einweihung der Klosterkapelle nicht nur viele Teilnehmer zu diesem Ereignis eingeladen, sondern auch eine umfangreiche liturgische Veranstaltung mit Eucharistiefeier vorbereitet. Natürlich haben wir alles wie geplant durchgeführt.«

Es ist inzwischen 19 Uhr geworden. Die nächste Verabredung steht an. Kardinal Meisner hat Kölner Priester, die in Rom tätig sind, zum

In den Straßen von Rom wird er immer wieder von Touristen begrüßt. Alle kennen den Kölner Kardinal und wollen ein paar Worte mit ihm wechseln.

Abendessen eingeladen: Monsignore Dr. Stefan Hünseler von der Kongregation für den Gottesdienst und die Sakramentenordnung, Professor Dr. Stefan Heid vom Päpstlichen Institut für christliche Archäologie, die Monsignori Dr. Christoph Kühn (Eichstätt), Nuntiaturrat im Päpstlichen Staatssekretariat und Leiter der deutschsprachigen Abteilung (inzwischen zur Vatikan-Botschaft nach Wien gewechselt), und Dr. Winfried König (inzwischen Nachfolger von Dr. Kühn), außerdem die zwei Seminaristen Michael Kaluza und Robin Baier.

Ein Abend bei Pasta und Wein

Wir treffen uns am Obelisken auf dem Petersplatz und gehen in ein kleines Restaurant ganz in der Nähe. Wie gut, dass Pfarrer Boss in weiser Voraussicht einen Tisch für uns bestellt hat, denn es werden auch »die Familien jener Schweizer Gardisten erwartet, die heute im Vatikan vereidigt worden sind«, gibt uns der Wirt zu verstehen und entschuldigt sich, dass es lauter werden könnte. Die reichhaltige Speisekarte empfiehlt neben anderen italienischen Spezialitäten Pasta in allen Variationen und guten italienischen Wein. »Hauptsache, ich muss keinen Fisch essen«, gesteht Kardinal Meisner und entscheidet sich für Spaghetti. Denn Fisch ist nicht seine Sache, wie die meisten in seinem Umfeld wissen.

Bis ins westafrikanische Benin allerdings war dies noch nicht gedrungen. Bei einem Besuch im Jahr 1996 hatte der deutsche Botschafter ihm zu Ehren einen riesigen Fisch zubereiten lassen, der – mit köstlichem Gemüse dekoriert – in der Mitte der festlichen Tafel prangte. »Mir blieb nichts anderes übrig, als so unauffällig wie möglich nur von dem Gemüse zu essen«, erzählt der Kardinal. Doch dem Botschafter blieb dies nicht verborgen. »Wie ich sehe, habe ich Ihnen mit diesem Fisch keine Freude bereitet«, stellte er nach dem Abendessen fest und tröstete, indem er zugab: »Auch ich mag keinen Fisch!«

Kardinal Meisner reist viel. Ganz besonders gefallen ihm Marienländer wie Litauen, Polen, Tschechien und Österreich, und er gesteht: »Marienländer bedeuten für mich, dass die Mutter zu Hause ist. Und wo die Mutter zu Hause ist, herrscht eine gute Atmosphäre.« Überhaupt seien die Länder Ost- und Südosteuropas sein bevorzugtes Ziel. »Die Menschen dort kennen mich und vertrauen mir«, erklärt er. »Sie sagen sich: Der hat den Kommunismus erfahren und lebt jetzt im Kapitalismus. Von ihm können wir lernen, wie man damit umgeht.«

Kardinal Meisner zeigt seinen Amtsbrüdern das Foto seines Vaters.

Oben: Kardinal Meisner mit dem serbisch-orthodoxen Patriarchen Pavle von Belgrad. Unten: Ein Gebet mit Amtsbrüdern an dem Ort in Serbien, an dem sein Vater in einem Massengrab beerdigt wurde.

So weihte er in Tulcea in Rumänien eine Kirche, reiste zur Wiedereinweihung des Erzbischöflichen Palais ins kroatische Split und flog zur Glockenweihe nach Litauen. Viele dieser Projekte hat das Erzbistum Köln auch finanziell gefördert. Als er 1980 zum ersten Mal in Litauen war, fand in der Kathedrale von Kaunas eine Firmung von 5000 jungen Christen statt. »Jeden Sonntag war das so«, erzählt Kardinal Meisner und ist davon noch heute zutiefst beeindruckt. »Weil der Bischof nicht die Gemeinden besuchen durfte, mussten die Christen oft über Tausende von Kilometern reisen, um eine halbe Minute vor dem Bischof zu knien und durch Handauflegung und Salbung die Gabe Gottes, den Heiligen Geist, zu empfangen.«

Am Grab des Vaters

»Erzählen Sie uns doch noch mehr von Ihren Reisen«, bittet die Tischrunde. Und so berichtet er von einem für ihn unvergesslichen Erlebnis während eines Besuches in Belgrad. Anlass war die Weihe eines Bischofshauses, das auch als Seelsorgezentrum dienen sollte. Das Erzbistum Köln und Renovabis hatten es mitfinanziert, und nun sollte Einweihung sein. Doch der Kardinal wusste auch, dass etwa 30 Kilometer von Belgrad entfernt, in Pancewo (deutsch Pantschowa), sein Vater in einem Massengrab beerdigt wurde, über dem die Serben eine Tankstelle errichtet haben. Es war ihm ein tiefes Bedürfnis, dorthin zu fahren. Der Nuntius und zehn Bischöfe, die zur Weihe nach Belgrad gekommen waren, begleiteten ihn. »Ich dachte so bei mir: Vater, niemals hättest du für möglich gehalten, dass dein Sohn einmal als Kardinal mit so vielen kirchlichen Würdenträgern zu deinem Grab kommt….« Alle standen dann an der Tankstelle und beteten. Als sie den Kardinal noch eine Weile an diesem Ort allein ließen, kam ein Mitbruder auf ihn zu und gab ihm einen Beutel Erde und zwei Rosen für das Grab seiner Mutter.

Anschließend feierten alle einen Wortgottesdienst, an dem serbisch-orthodoxe Christen, Katholiken und Protestanten teilnahmen, und der auf besondere Weise symbolisch war. Denn er fand in der Kirche jener kroatischen Franziskaner statt, die nach dem Zerfall Jugoslawiens von den Serben im Krieg verjagt worden waren. Auch deutsche Heimatvertriebene, die bis zu ihrer Vertreibung nach dem Zweiten Weltkrieg in dieser Gegend zu Hause waren und zufällig mit drei Reisebussen eintrafen, nahmen zutiefst bewegt an diesem Gottesdienst teil. »Zum Schluss habe ich mein Bischofskreuz vom Hals genommen und es der Kirche geschenkt mit der Bitte, es in ein großes Holzkreuz einzuarbeiten und in Deutsch, Serbisch und Kroatisch darunter zu schreiben: Für alle Opfer der ungerechten Gewalt.«

Windeln auf Englisch

Oft muss Kardinal Meisner jedoch viel weiter reisen. Zum Beispiel nach Indien. Beeindruckt ist er von der Frömmigkeit der Menschen in diesem Land, wie er gesteht. Besondere Kontakte bestehen zwischen Kerela, dem katholischsten aller Bundesstaaten Indiens, und dem Erzbistum Köln. Gegenseitige Besuche sind selbstverständlich – wie finanzielle Hilfen aus Köln für so manches Hilfsprojekt. Auch Kalkutta gehörte zu den Reisezielen des Kölner Kardinals – und natürlich ein Besuch bei Mutter Teresa. »Sie bat mich, in der Frühmesse im Mutterhaus die Predigt zu halten, und der heutige Leiter der Abteilung Weltkirche/Weltmission im Erzbistum Köln, Dr. Rudolf Solzbacher, sollte übersetzen. Als ich den Liebesdienst Mariens von der Krippe bis zum Kreuz als Vorbild für die karitative Tätigkeit der Missionnaries of Charity darstellte und in diesem Zusammenhang »von den schmutzigen Windeln in der Krippe bis zu den blutigen Tüchern am Kreuz« sprach, kam mein Übersetzer allerdings ins Schleudern. Ihm fiel der englische Begriff für »Windeln« (dypers) nicht schnell genug ein, und zum großen Vergnügen der Novizinnen, die natürlich alle hellwach lauschten, improvisierte er mit »pampers«. Noch heute ziehe ich ihn gelegentlich auf: »Was heißt »Windeln« auf Englisch?«

Die Begegnung mit Mutter Theresa ist dem Kardinal und seinem »Windel-Übersetzer« Dr. Solzbacher aber noch aus einem weiteren Grund, der ebenfalls mit Windeln zu tun hat, unvergesslich. Eine der Mitschwestern, die Ärztin Schwester Andrea – übrigens eine schlesische Landsmännin des Kardinals – hatte Kardinal Meisner um einen Gefallen gebeten. Er solle doch bei »Mother« ein gutes Wort einlegen, damit für das Säuglingsheim zwei Wäschetrockner angeschafft werden könnten. Denn Mutter Theresa achtete sehr streng auf die Einhaltung der selbst aufgestellten Ordensregel, alle Wäsche in den Häusern der Kongregation nur mit der Hand und nicht mit Hilfe einer Maschine zu waschen. Schließlich hätten die Armen in den Slums auch keine Maschinen. Aber bei der hohen Luftfeuchtigkeit war es nahezu unmöglich, die Windeln der Säuglinge trocken zu bekommen. »Ich sollte lediglich den Unterschied zwischen Trockner und Waschmaschine betonen, um Mutter Theresa die Anschaffung eines Trockners plausibel zu machen, und Sie dürfen glauben, dass ich mein Möglichstes tat. Ich bot sogar an, das Erzbistum Köln werde die Trockner stiften.« Aber »Mother« zitierte nur auf Englisch die vorletzte Vaterunserbitte: »and do not lead us into temptation«. Damit war der Fall für sie erledigt.

Keine Angst vor Despoten

»Wir würden gern noch etwas über Ihre Afrika-Besuche erfahren«, bittet einer aus unserer Runde. Denn es ist bekannt, dass sich das Erzbistum auf diesem Kontinent ebenfalls stark engagiert. Rund 15 Millionen Euro stellt es jährlich für Hilfsprojekte in aller Welt zur Verfügung. Davon fließt ein großer Teil nach Südamerika, aber auch nach Afrika. Das heißt, dass der Kölner Kardinal sich dort ebenfalls

Ein entspannter Abend im Gespräch mit Kölner Priestern, die in Rom arbeiten, gehört für Kardinal Meisner unbedingt in sein Besuchs-Programm.

hin und wieder sehen lässt. Und da er bekanntlich keine Angst vor Menschen und erst recht nicht vor despotischen Machthabern hat, geschieht es zuweilen, dass er auch afrikanischen Präsidenten oder Stammesfürsten gehörig die Meinung sagt.

»Ich kenne das schon«, erzählt er. »Meist steht am ersten Abend die protokollarisch übliche Höflichkeitsvisite beim Staatspräsidenten an – ein Termin, der normalerweise nicht mehr als die obligatorischen Fotos und den Austausch einer kleinen Aufmerksamkeit beinhaltet und selten mehr als zehn Minuten dauert. Ich wusste aber, dass mein Gegenüber ein überzeugter Kommunist war, und er musste wohl von meiner ausgeprägten antikommunistischen Haltung gehört haben, denn er begann ein intensives Gespräch, in dem er erklärte, dass er mit der Praxis der Kommunisten in der DDR nie einverstanden war, da sie fehlerhaft gewesen sei. Dies beeinträchtige aber nicht die Richtigkeit der kommunistischen Ideen. Was blieb mir da übrig als ihm ziemlich unverblümt und in großer Deutlichkeit zu widersprechen? Ich erklärte ihm, dass vielmehr das dem Kommunismus zugrundeliegende Menschenbild völlig falsch sei.«

Das lebhafte Gespräch dauerte über eine Stunde und endete damit, dass der Präsident den Kardinal unbedingt als Ehrengast zur Militärparade in der Hauptstadt einladen wollte, die am nächsten Tag mit großem Pomp gefeiert werden sollte. »Ich konnte mich jedoch höflich und korrekt entschuldigen und darauf hinweisen, dass genau zur selben Zeit ein feierlicher Gottesdienst stattfinden würde, so dass ich ihm »leider« absagen müsse.« Begleiter des Kardinals hatten den Eindruck, dass die Unterhaltung in ausgesprochen entspannter Atmosphäre stattfand, und es sei deutlich gewesen, dass es dem Präsidenten eine willkommene Abwechslung war, einmal mit einem Gast zu diskutieren, der so klar eine andere Meinung vertrat.

Es ist inzwischen spät geworden, und ein gemütlicher und zugleich aufschlussreicher Abend in Rom geht zu Ende. Die Gäste verabschieden sich gut gelaunt. Sie haben Kardinal Meisner einmal von einer ganz anderen Seite erlebt. Denn wann kann er sich schon die Zeit nehmen, um von seinen Besuchen in den unterschiedlichen Ländern und Kontinenten und seinen Begegnungen mit den Menschen, seinen Eindrücken und Erlebnissen zu erzählen! Zwei Jahrzehnte ist er nun Erzbischof von Köln. Wer ihn auf seinen Reisen erlebt – und wenn es auch nur ein kurzer Ausflug nach Rom ist – wird sich wahrscheinlich wundern, wie bescheiden und anspruchslos dieser Kardinal ist, wie spontan und ohne Scheu er auf die Menschen zugeht und wie

Eine goldene Rose für ein Heiligtum der Muttergottes – Kardinal Meisner soll sie im Auftrag des Papstes dem Marienheiligtum Altötting überreichen.

schnell er sich auf sie einstellen kann, wie er sie mit seinem Humor zu gewinnen versteht, und wie er fremde, komplizierte Sachverhalte und Zusammenhänge in Windeseile begreift. Vor allem wird eines deutlich: bei allem, was er tut und sagt, geht es ihm in erster Linie darum, den Menschen die erlösende Botschaft des Evangeliums nahe zu bringen. Er ist geprägt und durchdrungen von seiner Mission.

»Also bis morgen im Staatssekretariat«, erinnert Monsignore Kühn den Kardinal an seinen letzten Termin dieser Romreise, als wir uns an diesem Abend verabschieden.

Eine goldene Rose für Altötting

Am nächsten Morgen sind unsere Taschen zur Abreise gepackt. Sie bleiben bis zum Abflug in der Obhut der Schwestern. Wir gehen die Straße zum Vatikan hinunter, überqueren den Petersplatz, kämpfen uns durch Touristengruppen hindurch bis auf die andere Seite der Kolonnaden. Durch die Porta Sant' Anna betreten wir den Vatikan. Die Wachsoldaten grüßen höflich, bevor wir am Belvedere-Hof vorbei über den Cortile Borgia in den Damasus-Hof gelangen. Wir nehmen den Fahrstuhl bis zur dritten Etage, jener Etage, auf der auch der Papst wohnt, und landen in einer Vorhalle, deren Wände mit geographischen Karten verziert sind. Kardinal Meisner prüft noch schnell, ob er seine Geburtsstadt Breslau darauf entdecken kann.

»Links geht es zu Papst Benedikt«, erklärt er. »Aber heute gehen wir nach rechts, denn wir sind im Staatssekretariat verabredet.« Die Monsignori Dr. Christoph Kühn und Dr. Winfried König warten schon und begrüßen uns in einer gediegenen Umgebung, die man normalerweise nicht mit einem »Staatssekretariat« in Verbindung bringen würde. »Sie sehen hier noch letzte Reste der Einrichtung des Palastes von Papst Leo X.«, erklärt uns Monsignore König. »Der Sekretär dieses Papstes, Kardinal Bibiena, hat hier gewohnt. Als engster Mitarbeiter durfte er den Künstler des Heiligen Vaters zur Ausgestaltung seiner eigenen vier Wände beauftragen. Und das war kein Geringerer als Raphael.

Als Legat des Papstes unterwegs

Monsignore Kühn führt uns ins Empfangszimmer. Er bringt einen weißen Kasten und öffnet ihn. Zum Vorschein kommt eine aus Silber gefertigte und mit Gold überzogene Rose. Kardinal Meisner soll sie als Legat des Papstes dem Passauer Diözesanbischof Wilhelm Schramml überreichen – als besondere Auszeichnung für die Gnadenkapelle

Schwester Lucia freut sich. Kardinal Meisner überbringt ihr im Auftrag von Papst Johannes Paul II. für die Muttergottes von Fatima die Soutane, die er während des Attentats trug.

von Altötting – und damit ein Versprechen einlösen, das der Papst bei seinem Besuch in Altötting gegeben hat. Die Rose symbolisiert Christus, das Gold kündet von der Auferstehung und die Dornen von der Passion. Fast tausend Jahre gibt es die Tradition der goldenen Rose, und seitdem wird sie vom Papst vergeben – früher an verdiente Persönlichkeiten, auch an Institutionen und Städte, heute nur an Gotteshäuser, vor allem an Heiligtümer der Mutter Gottes. So verlieh Papst Johannes Paul II. sie an die Marienheiligtümer Tschenstochau, Loreto, Knock in Irland und an Lourdes, Papst Benedikt zeichnete mit ihr bisher Mariazell in Österreich und Aparecida in Brasilien aus – und nun Altötting.

Kardinal Meisner war schon oft im Auftrag des Papstes unterwegs. Zum Beispiel hatte ihn Papst Johannes Paul II. vor einigen Jahren beauftragt, der letzten damals noch lebenden Seherin von Fatima, Schwester Lucia, in seinem Namen einen Besuch zu machen. Und zwar sollte er ihr für die Muttergottes von Fatima seine Soutane überreichen, die er trug, als das Attentat auf ihn verübt wurde. Gerührt und dankbar nahm die über 90-Jährige das Geschenk aus den Händen des Kardinals entgegen und lächelte verschmitzt: »Es würde mich mehr freuen, wenn der Inhalt auch noch drin wäre!«

Gangster im Hotelzimmer

Monsignore König wickelt die Box mit der goldenen Rose in weißes Papier, schnürt ein Paket und gibt es in eine Plastiktüte, die er Pfarrer Boss in die Hand drückt. Mit meinen Bedenken, wir könnten gleich auf der Straße wegen der goldenen Rose überfallen werden, bin ich allein. »Ich setze auf den Schutz der Mutter Gottes, der ja die Rose gewidmet ist«, lacht der Kardinal und berichtet, dass Gangster es in Rom tatsächlich einmal auf ihn abgesehen hatten, als er noch Bischof in Berlin war. Eines Tages seien einige Herren zu ihm ins Hotel gekommen, um ihm – wie sie sagten – eine Rarität zu verkaufen: einen Bischofsring aus der Renaissance und ein Bischofskreuz, das Napoleon einem Kardinal geschenkt haben sollte.

»Ich habe ihnen erklärt, dass ich als Diasporabischof aus der DDR nicht das Geld für solche wertvollen Dinge aufbringen könnte.« Den Vorschlag, die beiden Stücke in seinem Zimmer aufzubewahren und es sich noch einmal zu überlegen, habe er abgelehnt. Als er am nächsten Tag nach dem Mittagessen in sein Zimmer wollte, war die Tür aufgebrochen. Jemand hatte

EIN KURZBESUCH IN DER EWIGEN STADT | KEIN TAG WIE JEDER ANDERE

Zum Abschluss der Reise ein Erinnerungsfoto im Vatikan auf der Terrasse des Staatssekretariats – Kardinal Meisner, die Monsignori Dr. König und Dr. Kühn, Autorin Gudrun Schmidt und mit der Kamera stets in Aktion: Robert Boecker.

alle seine Sachen durchwühlt. »Es hatte sich unter den Gangstern wohl nicht herumgesprochen, dass sich die kostbaren Gegenstände gar nicht bei mir befanden.« Nicht einmal Geld hätten die Einbrecher gefunden. Nur eine kleine Klappikone aus Bronze sei ihre Beute gewesen.

Abschied von Rom

Ein letzter Blick durch die weite Terrassentür des Staatssekretariats lässt erkennen, dass sich unten auf dem Petersplatz Tausende von Menschen zur Mittwochsaudienz eingefunden haben. Dabei dauert es noch eine Stunde, bis der Papst

erscheinen und zu den Versammelten sprechen wird. Die Sonne brennt heiß von einem azurblauen römischen Himmel. Manche haben einen Sonnenschirm aufgespannt. Wir verlassen den Vatikan, an Schweizer Gardisten vorbei, die goldene Rose unter dem Arm. Als wir wieder auf der Straße ankommen, wartet Don Luciano mit seinem Wagen auf uns. Eine Pilgergruppe aus Berlin hat Kardinal Meisner entdeckt und winkt grüßend herüber. Don Luciano drängt. Es ist Zeit, zum Flughafen zu fahren! »Morgen geht es wieder sehr früh los«, stellt der Kardinal fest. Er klingt keineswegs erschöpft nach diesen anstrengenden Stunden in Rom, sondern motiviert, als er anfügt: »Der erste Termin beginnt schon um acht Uhr«, und zu seinem Privatsekretär gewandt: »Ich muss heute Abend unbedingt noch die Post durchsehen.« – So schnell hat ihn sein Kölner Schreibtisch wieder.

Kardinal Meisner auf Reisen

Gebetserhörung in Benares

Auch zu Benares, der heiligen Stadt am Ganges, gibt es Verbindungen. »Dort waren wir ganz besonders in der Pflicht«, erzählt Kardinal Meisner. »Denn wir wollten ein Gelübde des längst verstorbenen Indien-Missionars Pater Antonius Maria Bodewig aus Bonn-Dietkirchen, also aus unserer Diözese, einlösen.« Als Gründer mehrerer Ordensgemeinschaften hatte er vor Jahrzehnten den katholischen Schwestern in Benares versprochen, in ihrer »Stadt der 1000 Tempel« auch einen Tempel zu Ehren Mariens zu errichten. Doch Pater Antonius starb, bevor er sein Versprechen in die Tat umsetzen konnte. Die Ordensfrauen jedoch gaben die Hoffnung nicht auf. Sie setzten auf Gottes Hilfe. Viele Jahr-

zehnte beteten sie täglich in ihrem Kloster für »einen Tempel zur Ehre Mariens in Benares«.

Ihr unerschütterlicher Glaube an das Wunderwirken Gottes wurde belohnt. Denn ein Steyler Missionar, der sie im Jahr 1954 besuchte, hörte dieses Gebet und beschloss, den Schwestern zu helfen. Er wandte sich an den damaligen Kölner Kardinal Frings, der kurze Zeit später 20.000 DM aus einer Sammlung zur Verfügung stellte und nach Benares schickte. Dennoch dauerte es noch fast vier Jahrzehnte, bis im Jahr 1991 endlich jener »Tempel Mariens« eingeweiht werden konnte. Ein zweites kleines Wunder schloss sich an, als Kardinal Meisner ein Jahr nach der Einweihung in Benares, einer der heiligsten Städte der Hindus, die erste Fronleichnamsprozession feiern durfte. Teilnehmer erinnern sich, dass auf halbem Wege eine zweite, für Europäer ungewöhnliche »Prozession« entgegenkam, mit der sie zu kollidieren fürchteten. Die aber zog schweigend an ihnen vorbei: es waren heilige Kühe.

Bilder linke Seite: Kardinal Meisner während der ersten Fronleichnamsprozession in Benares.

Bild oben links: Manchmal setzt sich Kardinal Meisner spontan ans Klavier, um seine Gastgeber mit einem Ständchen zu überraschen.

Bild oben rechts: Besuch in Rio de Janeiro. Auch eine Stippvisite auf dem Corcovado muss mal drin sein.
Bild rechts unten: Zu Gast in einem Kindergarten.

Bild unten links: Indische Ordensschwestern feiern mit dem Kardinal.